老年人医养结合机构模式选择

与

服务供需研究

司明舒　著

LAONIANREN YIYANG JIEHE JIGOU MOSHI XUANZE
YU
FUWU GONGXU YANJIU

化学工业出版社

·北京·

人口老龄化是 21 世纪全人类所共同面临的重大挑战，而医养结合有助于提高老龄人口对医疗服务和养老照护服务的可及性，即老年人在享受养老服务的同时能方便快捷地获得医疗服务。

《老年人医养结合机构模式选择与服务供需研究》通过运用管理学、社会学、经济学等学科知识，对老年人医养结合机构服务模式的选择意愿与服务发展现状进行了全面而系统的研究，旨在了解我国医养结合机构服务发展现状，发现存在的问题并提出对策与建议，同时为政府制定符合新时代要求的医养结合政策，规范医养结合机构管理提供科学依据。

本书既可作为养老及相关行业从业人员的研究读物，也可供有关机构单位参考使用。

图书在版编目（CIP）数据

老年人医养结合机构模式选择与服务供需研究/司明舒著. —北京：化学工业出版社，2020.6（2020.8重印）
ISBN 978-7-122-36640-5

Ⅰ.①老…　Ⅱ.①司…　Ⅲ.①养老-社会服务-服务模式-研究-中国　Ⅳ.①D669.6

中国版本图书馆 CIP 数据核字（2020）第 075436 号

责任编辑：章梦婕　刘　哲　　　　　　　　文字编辑：林　丹
责任校对：刘　颖　　　　　　　　　　　　装帧设计：王晓宇

出版发行：化学工业出版社（北京市东城区青年湖南街 13 号　邮政编码 100011）
印　　装：北京七彩京通数码快印有限公司
710mm×1000mm　1/16　印张 11¾　字数 209 千字　2020 年 8 月北京第 1 版第 2 次印刷

购书咨询：010-64518888　　售后服务：010-64518899
网　　址：http://www.cip.com.cn
凡购买本书，如有缺损质量问题，本社销售中心负责调换。

定　　价：68.00 元

　　人口老龄化一方面是 21 世纪全球在人类健康与长寿方面所取得的重大成就，另一方面也是人类命运共同体所面临的重大挑战。人口老龄化以及如何实现健康老龄化已成为全球所关注的焦点问题。"医养结合"是一个具有新时代中国特色的名词。从直观上理解，医养结合是为了提高老龄人口对医疗服务和养老照护服务的可及性，即老年人在享受养老服务的同时能方便快捷地获得医疗服务，旨在为入住老年人提供基本的生活照料服务的基础上，更加强调医疗护理服务的供给，从而提高老年人的生命质量并改善其健康水平，以更好地实现健康老龄化。

　　基于此，本书以青岛市作为研究地域，对老年人医养结合机构服务模式选择意愿与服务发展现状进行全面而系统的研究，为探索新时代背景下我国医养结合服务模式的创新和发展提供借鉴和依据。

　　本书共分为七个部分及附录。第一部分：概述。概述部分主要介绍了本书的研究背景，从而提出研究目的，之后从理论和现实层面分析研究意义，并对医养结合相关的概念进行界定与阐述。第二部分：理论基础与研究设计。阐述了需求层次理论、钻石模型理论等，作为研究的理论基础和依据。之后提出资料来源与研究方法、研究内容、研究框架，最后构建技术路径图。第三部分：老年人基本情况与医养结合机构选择影响因素分析。首先利用文献计量法对国内外已有文献进行评述，之后分析样本地区老年人的基本情况，了解选择不同医养结合机构的老年人的人口学与社会经济特征，在此基础上，分析影响老年人医养结合机构选择的主要因素，并对不同特征老年人医养结合机构选择进行对比分析。第四部分：基于 SWOT-CLPV 与决策树模型的老年人医养结合机构服务模式选择分析。从宏观视角基于 SWOT-CLPV 模型，探讨医养结合机构服务模式的优劣势、存在的问题及其影响因素；从微观视角基于决策树模型，利用 CHAID（卡方自动交互检测）方法建模分析结果，构建老年人医养结合机构服务模式选择模型。第五部分：老年人医养结合机构服务需求状况分析。调查了解青岛市老年人对医养结合机构服务的偏好及需求，探讨影响不同类型老年人选择医养结合服务需求的主要因素。第六部分：医养结合机构服务供给状况分析。调查分析青岛市不同类型医养结合机构基本情况及服务供给状况，对比分析不同类型医养结合机构人、财、物及服务供给的差异，分析影响医养结合机构入住率的可能因素，并对医养结合机构服务质量进行定性分析，最后探究医养结合服务需求与供给之间的差异。第七部分：研究总结。通过上述理论与实证分析，结合国家相关政策及老年人合理选择医养结合服务模式与服务发展现状的考量，提出对应的政策建议。总结本文的主要研究内容，并对研究的创新点、不足之处与研究展望进行阐述。

　　本书在编写过程中，得到了山东大学、山东社会科学院、福建医科大学、潍坊医学院、徐州医科大学、青岛市民政局，以及各医养结合机构等单位的大力支持和帮助，在此深表感谢。由于作者水平有限，书中可能存在疏漏之处，恳请广大读者不吝赐教，多提宝贵意见和建议。

司明舒

2020 年 1 月 15 日于福建医科大学

1

概 述

001 ——————————

2

理论基础与研究设计

021 ——————————

4

基于SWOT-CLPV与决策树模型的老年人医养结合机构服务模式选择分析

5

老年人医养结合机构服务需求状况分析

6

医养结合机构服务 供给状况分析

106 ———————

7

研究总结

143 ———————

附　录

154 —————————

后　记

172 —————————

参考文献

173 —————————

1

概　述

1.1 研究背景

　　健康老龄化是 21 世纪人类社会发展和进步的标志，是老年人发展和维护老年健康生活所需的功能发挥的过程。人口老龄化问题将产生巨大的医养健康服务需求，对政府的社会保障制度和医疗保障制度的改革也将产生重大影响，给国家带来巨大的财政压力。如何应对人口老龄化问题，关乎每个老年人及其家庭、社区的切身利益，关系到他们的幸福感和获得感。构建良好的养老服务模式，将有利于整个社会的和谐、健康、有序、可持续地发展及民生福祉改善。养老问题作为重要的民生关注焦点，受到党中央和国务院的高度重视，十九大提出，"积极应对人口老龄化，构建养老、孝老、敬老政策体系和社会环境，推进医养结合，加快老龄事业和产业发展"。医养结合机构服务的供给与需求问题，是解决健康老龄化背景下居民养老服务的广度与深度的重要问题，构建居家为基础、社区为依托、机构为补充、医养相结合的养老服务体系，以更好满足老年人医养健康服务需求，对于探索与我国新时代社会经济文化相适应的养老模式具有重要的现实意义。

1.1.1 国际背景

　　国际上通常把老龄社会定义为：若一个国家（或地区）60 岁以上人口占其全部人口的 10％以上，或者 65 岁以上人口占其全部人口的 7％时，则该国家或地区为老年型国家或地区。在联合国人口司发布的《世界人口展望》2017 年修订版报告中，对未来世界人口发展预期进行了评估与展望。报告指出，目前全球 60 岁及以上人口为 9.62 亿人，占世界总人口的 12.65％，预计到 2050 年该年龄层的人口总量将达到 21 亿人，将是现在的两倍多，到 2100 年将达到 31 亿人，将是现在的 3 倍多。因此，人口老龄化问题已成为国际社会关注的焦点，养老议题也早已纳入全球议程的重要议题之一，成为联合国重要决策和决议的组成部分。

　　20 世纪 80 年代，联合国就如何解决人口老龄化问题开始探讨。1982 年联合国在维也纳召开第一届全球老龄化问题大会，决议通过了包括 62 项建议在内的《1982 年维也纳老龄问题国际行动计划》。该行动计划被认为开创了全球老龄化研究工作的先河，成为老龄化工作的里程碑，也将养老问题带入了社会科学、医学领域以及经济学科等多个研究领域，共同来审视全球老龄化问题。

　　1991 年联合国大会通过了《联合国老年人原则》，该原则基于五个维度对老年人的地位作了普遍性的标准界定：独立、参与、照顾、自我充实和尊严。世界各国将这五个维度作为今后人口老龄化问题的研究重点，并将社会对老年人的支持提升到政府层面，并鼓励世界各国及政府将这五个维度融入各国及政府的各项政策当中。

2002 年联合国在马德里召开第二届全球老龄化问题大会，会议总结了自维也纳会议之后 20 年，世界各国在人口老龄化问题上的进展及所取得的成果，并通过了《马德里政治宣言》与《2002 年马德里老龄问题国际行动计划》，"积极老龄化"的理念融入各国行动政策中。

2016 年世界卫生组织发布了《关于老龄化与健康的全球报告》，报告建议为了应对人口老龄化带来的挑战，应在老年人口卫生政策的制定和服务方式方面进行意义深远的改变。人口老龄化可被看作是个人和社会所面临丰厚的新机遇。报告认为，实现健康老龄化，有利于老年人维护和提升其功能发挥。

联合国国际老龄会议的召开以及世界卫生组织报告的发布，完善和创新了人口老龄化的理念。因此，实现健康老龄化，有利于老年人的功能发挥及生活质量的改善。

1.1.2 国内背景

（1）我国老龄化程度高、规模大、速度快　根据 2010 年全国第六次人口普查的相关数据，我国 60 岁及以上人口为 177648705 人，占总人口的 13.26%，其中 65 岁及以上人口为 118831709 人，占总人口的 8.87%。相比于 2005 年，60 岁以上人口增加了约 3356 万人（其中 65 岁以上人口增加了约 1838 万人），人口老龄化趋势日益严峻。根据国家统计局发布的人口数据：截至 2018 年年末，我国 60 周岁及以上人口 24949 万人，占总人口的 17.9%，其中 65 周岁及以上人口 16658 万人，占总人口的 11.9%。相关研究预测，到 2025 年我国 65 岁及以上的老年人口占比将达到 14.3%，这一比例在 2050 年将达到 26%。据世界卫生组织估计，我国 60 周岁及以上老年人口所占比例从 10% 攀升到 20% 仅需略多于 20 年左右的时间，这意味着我国将不得不迅速适应"超老龄化社会"所带来的养老与医疗服务问题。2010—2018 年中国 65 岁以上人口老龄化趋势如图 1-1 所示。

在我国人口老龄化的同时，一个不能忽视的现实问题是高龄老年人（≥80 岁），特别是失能老年人在不断增加。全国老龄工作委员会办公室在 2010 年进行的全国城乡失能老年人状况调查显示，2010 年年末全国城乡部分失能和完全失能老年人约 3300 万人，其中完全失能老年人 1080 万，占总体老年人的 6.23%。其中完全失能的城市老年人中，"轻度""中度""重度"的人数分别为 233.89 万、26.98 万和 50.76 万。国家统计局发布的人口数据显示：截至 2018 年，我国失能、半失能的老年人高达 4400 万人。据有关部门预测，到 2035 年老年人口将达到 4 亿人，而失能/失智、半失能的老人数量会进一

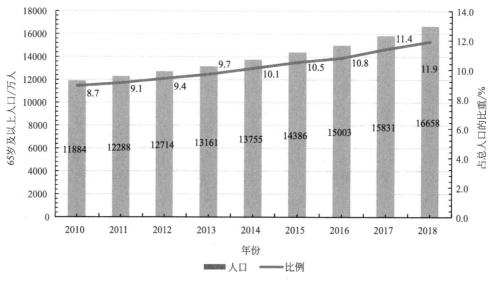

图 1-1　2010—2018 年中国 65 岁及以上人口老龄化趋势

步增多。

（2）各项政策的叠加效应推动了医养结合事业的发展　十九大明确提出，"积极应对人口老龄化，构建养老、孝老、敬老政策体系和社会环境，推进医养结合，加快老龄事业和产业发展"。此外，党和政府提出，"构建居家为基础、社区为依托、机构为补充、医养相结合的养老服务体系"。近些年，党和政府为了实现健康老龄化，就如何实现医养结合相继出台了一系列政策文件，现将 2013—2018 年的政策文件梳理，如表 1-1 所示。

表 1-1　2013—2018 年我国医养结合相关的政策文件

序号	文件名称	文件号	发布时间	发文单位	主要内容
1	《关于贯彻落实国务院常务会议精神做好取消养老机构设立许可有关衔接工作的通知》	民办函〔2018〕105 号	2018 年 7 月	民政部	激发养老服务业创新活动,做好正式实施养老机构设立许可前管理工作
2	《关于促进护理服务业改革与发展的指导意见》	国卫医发〔2018〕20 号	2018 年 6 月	国家卫健委	完善护理服务体系,增强服务团队建设,提高服务供给及服务能力
3	《关于进一步改革完善医疗机构、医师审批工作的通知》	国卫医发〔2018〕19 号	2018 年 6 月	国家卫健委	深化"放管服"改革的重要部署,在医疗领域持续优化审批流程、提高审批效率,为医养结合提供审批服务

序号	文件名称	文件号	发布时间	发文单位	主要内容
4	十九大报告		2017年11月	中共中央国务院	再次强调医养结合是"健康中国战略"的重要组成部分
5	《关于养老机构内部设置医疗机构取消行政审批实行备案管理的通知》	国卫法制发〔2017〕43号	2017年11月	国家卫计委	养老机构内部设置诊所、卫生所(室)、医务室、护理站,取消行政审批,实行备案管理
6	《"十三五"健康老龄化规划重点任务分工的通知》	国卫家庭发〔2017〕12号	2017年11月	国家卫计委	明确"医养结合示范工程"由国家卫计委牵头,民政部、国家发展改革委配合
7	《康复医疗中心基本标准(试行)》《护理中心基本标准(试行)》		2017年10月	国家卫计委	明确鼓励社会力量举办康复医疗中心、护理中心。要打通专业康复医疗服务、临床护理服务向社区和居家康复、护理延伸的"最后一公里"
8	《关于全面放开养老服务市场提升养老服务质量的若干意见》	国办发〔2016〕91号	2016年12月	国办	为养老机构开办老年病院、康复院、医务室等医疗卫生机构设置审批绿色通道
9	《"健康中国2030"规划纲要》		2016年10月	中共中央国务院	再次强调医养结合的战略重要性
10	《关于确定第二批国家级医养结合试点单位的通知》	国卫办家庭函〔2016〕1004号	2016年9月	国家卫计委民政部	确定北京市朝阳区等40个市(区)作为第二批国家级医养结合试点单位
11	《关于开展长期护理保险制度试点的指导意见》	人社厅发〔2016〕80号	2016年7月	人社部	积极鼓励和支持长期护理服务机构和平台建设,促进长期护理服务产业发展
12	《民政事业发展第十三个五年规划》	民发〔2016〕107号	2016年7月	民政部国家发改委	强调医养结合是"十三五"期间的重要任务
13	《关于确定第一批国家级医养结合试点单位的通知》	国卫办家庭函〔2016〕644号	2016年6月	国家卫计委民政部	确定北京市东城区等50个市(区)作为第一批国家级医养结合试点单位,2016年年底前每省份至少启动1个省级试点

序号	文件名称	文件号	发布时间	发文单位	主要内容
14	《关于做好医养结合服务机构许可工作的通知》	民发〔2016〕52号	2016年4月	民政部 国家卫计委	各地民政、卫生计生部门高度重视做好医养结合服务机构许可工作,加强沟通,密切配合
15	《关于推进医疗卫生与养老服务相结合的指导意见》	国办发〔2015〕84号	2015年11月	国办	支持养老机构开展医疗服务,鼓励社会力量兴办医养结合机构,鼓励医疗卫生机构与养老服务融合发展
16	《中医药健康服务发展规划(2015—2020年)》	国办发〔2015〕32号	2015年5月	国办	促进中医药与养老服务结合,支持养老机构开展融合中医药特色的健康管理服务
17	《全国医疗卫生服务体系规划纲要(2015—2020年)》	国办发〔2015〕14号	2015年3月	国办	支持有条件的医疗机构设置养老床位,支持有条件的养老机构设置医疗机构
18	《关于鼓励民间资本参与养老服务业发展的实施意见》	民发〔2015〕33号	2015年2月	民政部等10部门	支持有条件的养老机构内设医疗机构或与医疗机构签订协议,并支持纳入医保
19	《关于加快推进健康与养老服务工程建设的通知》	发改投资〔2014〕2091号	2014年9月	国家发改委等9部门	加快推进医养结合服务设施工程的建设
20	《关于促进健康服务业发展的若干意见》	国发〔2013〕40号	2013年9月	国务院	推进医疗机构与养老机构等加强合作
21	《关于加快发展养老服务业的若干意见》	国发〔2013〕35号	2013年9月	国务院	推动医养融合发展,探索医疗机构与养老机构合作新模式

2013年国务院在出台的《关于加快发展养老服务业的若干意见》(国发〔2013〕35号)中提出,积极推进医疗卫生与养老服务相结合,推动"医养融合"发展。并明确要求,"各地各部门要积极推动医疗卫生资源融入养老机构、社区和居民家庭。卫生管理部门要支持有条件的养老机构设置医疗机构"。2015年国务院办公厅转发国家卫计委等部门《关于推进医疗卫生与养老服务相结合的指导意见》(国办发〔2015〕84号),文中对于"医养结合"作出了明确的解释:"现有的医疗卫生与养老服务资源及其相对应的服务体系尚不能满足老年人的需要,需要构建医疗卫生与养老服务相结合的服务模式。"上述医养结合政策文件的叠加效应,有力推动了我国养老事业的发展,从顶

层设计上助力医养结合事业的生根发芽。

（3）医养结合服务模式受到青睐　研究表明，对于养老模式的选择，职业类型为办事人员或军人的、文化程度低的、身体健康状况较好的、对生活现状满意的老年人，更倾向于居家养老模式。而几乎完全丧失自理能力的高龄老年人，社区养老、机构养老、医养结合服务成为其青睐的养老模式。

因此，在我国人口老龄化日益严峻的形势之下，如何面对数量日益增加的失能/高龄老年人及其不断增长的医养结合服务需求，让他们"老有所养""老有所依"已成为当前我国亟待解决的问题。而"医养结合"是一个具有新时代中国特色的名词。从直观上理解，医养结合是为了提高老龄人口对医疗服务和养老照护服务的可及性，即老年人在享受养老服务的同时能方便、快捷地获得医疗服务。在健康老龄化的背景下，医养相结合的养老服务模式，受到老年人群尤其是失能/失智老年人的青睐。

因此，研究和评估目前老年人对医养结合服务模式选择的影响因素、医养结合服务的需求及医养结合机构服务的供给情况，分析医养服务供需之间的差距，并在此基础上提出相关的应对策略和建议，有着极其重要的现实意义和社会效益。

1.2　研究目的与研究意义

1.2.1　研究目的

本研究的总体目标是分析和探讨我国比较典型的三种医养结合服务模式（养中有医、医中有养、医养并重），研究老年人对不同医养结合服务模式的选择偏好及影响因素，并基于需求与供给的角度分析不同类型医养结合机构服务情况，结合定性与定量的研究方法，分析医养结合服务的需方、供方与外部环境的现状以及相关影响因素，探讨医养结合机构现状和影响医养结合机构入住率的可能因素，从而为政府应对人口老龄化带来的养老难题，促进医养结合机构服务的改善与提高，实现健康老龄化的目标，提供数据支持和政策建议。

具体的目标包括：

① 以青岛市为例，系统调查我国入住医养机构老年人对于不同类型医养结合机构服务模式选择偏好，分析影响老年人医养结合机构选择的主要因素；

② 基于SWOT-CLPV模型从宏观视角对不同类型医养结合机构服务模式的建设和发展情况进行分析，探讨存在的问题及其影响因素，并基于决策树模型构建老年人医养结合服务模式选择模型；

③ 全面调查医养机构入住老年人对于医养结合服务的需求与利用情况，

分析和探讨影响老年人医养结合服务需求的主要因素；

④ 对医养结合机构服务的供给进行全面调查，对比分析不同类型医养结合机构人、财、物及服务供给的差异，分析影响医养结合机构入住率的可能因素，对医养结合机构服务质量进行定性分析，并对医养结合服务供求之间的差异进行探讨；

⑤ 在系统分析老年人医养结合服务模式选择意愿和医养结合机构服务供给与利用情况的基础上，提出促进医养结合机构发展的对策建议。

1.2.2 研究意义

（1）理论意义 本研究通过运用管理学、社会学、经济学等学科知识对青岛市医养结合机构服务模式选择及供需状况进行研究，为研究新时代背景下医养结合服务模式的发展提供新的理论支撑。通过供求分析，构建适应新时代发展背景下我国医养结合服务模式，对于实现老年人"老有所依、老有所养"提供合理的理论依据，具有重要的理论意义和学术价值。

（2）现实意义 本研究从老年人的医养结合机构服务模式选择以及医养结合服务的需求与供给状况入手，旨在了解医养结合机构服务发展现状，发现存在的问题并提出对策与建议，同时为政府制定符合新时代要求的医养结合政策，规范医养结合机构管理提供科学依据。这对于加快医养结合服务发展，促进医养结合机构的建设和服务质量的提升，缓解人口老龄化带来的养老难题，从而实现健康老龄化，都具有重要的现实意义。

1.3 相关概念的界定

1.3.1 老年型国家（或地区）

若一个国家（或地区）60 岁以上人口占其全部人口的 10％以上，或者 65 岁以上人口占其全部人口的 7％时，则该国家（或地区）为老年型国家（或地区）。

根据国家统计局发布的人口数据：截至 2019 年年末，我国 60 周岁及以上人口达 2.54 亿人，占总人口比例为 18.1％，其中 65 周岁及以上人口 1.76 亿人，占总人口的 12.6％。我国人口老龄化趋势日益严峻。

1.3.2 养老

养老，从宏观上说是通过资源的合理配置，满足老年人"生理-心理-社会"多方面的需求。

养老可以从两个维度来探讨，一是指经济物质基础的供养与保障，生活照料、精神慰藉和长期护理等多维度的保障，这是将养老作为一种主观的动作或义务来定义的。其中老年人作为被供养一方是客体，家庭、单位、社会和政府作为提供供养和保障的一方是主体。基于这一维度，聚焦点应该是如何实现养老资源的公平有效配置。

另一个维度的养老从主体出发，指的是老年人的一种生活状态，是老年人对理想生活状态的一种追求，主要基于需求视角对这一理想状态进行描述和研究。

1.3.3 家庭、居家、社区与机构养老

家庭养老是指由家庭成员提供养老资源的养老模式，其主要居住方式有独居、与配偶居住、与未婚或已婚子女居住等形式，其特征是分散养老。但目前我国家庭结构和家庭养老功能发生了显著变化，传统的大家庭逐渐解体，取而代之的是"421"家庭、老年夫妇家庭以及空巢家庭，家庭养老功能逐步弱化，已经不适应老龄化条件下的养老需求。

居家养老是指政府和社会力量依托社区，为居家的老年人提供生活照料、家政服务、康复护理和精神慰藉等方面服务的一种养老模式。居家养老使老年人足不出户就能享受到基本服务，居家养老的特点是把社会化的服务与居家老人的环境有机地结合起来，形成了家庭养老的社会服务化模式。但是，目前我国的居家养老服务明显存在着服务内容单一、服务组织体系缺少协调、缺乏资金、服务队伍专业化低的问题。

社区养老是指由社区成立养老服务机构，为生活不能自理或不能完全自理的老人提供有偿、有效的生活服务，社区养老模式是居家养老模式的补充和发展。社区养老模式下，老人留在熟悉的环境中，由社区提供日间照料、家政、情感慰藉等多样化服务。由于社区养老收费相对低廉，受众群体较为广泛。但是，社区养老模式目前尚处于各地试点阶段，有些地方出台了具体实施办法，但还没有形成全国统一的实施细则，缺乏统一规范与监督。

机构养老模式是指通过国家与社会支持、亲人资助或老年人自助的方式，将老人集中在专门为老年人提供综合性服务的机构（医养结合机构）中养老的模式。机构养老的养老服务由专业机构和专业人员提供，为不同类型、不同需求的老年人提供专业化的生活照料和医疗护理服务，可以使老年人得到较为集中的照顾和有序的生活。但是，目前我国养老机构的专业人员极为匮乏，很难提供专业化的护理服务，同时由于城乡之间、区域之间经济发展不平衡，一些养老机构的入住率并不高。当然，这其中也有收费高、思想观念等因素的影响。从现实可能性以及社会公众的接受程度上来看机构养老目前还主要作为居家和社区养老的补充载体。

以上是我国目前几种主要养老模式，各有特点，用来满足不同层次人群

对养老服务的需求。随着人口老龄化程度的日趋严重以及"421"家庭、"空巢"家庭的不断增多，我国的养老呈现出多样化模式，如混合养老模式、以房养老、养老地产、旅游养老、候鸟式养老等。随着养老过程中老年人对医疗服务的需求不断增加，在养老模式探索的过程中，出现了养老院内设医疗机构、医疗机构中增设养老院、养老和医疗机构共同合作等多种新型养老机构发展方式，因此医养结合模式应运而生。

1.3.4 医养结合与不同医养结合机构服务模式

"医养结合"是一个具有新时代中国特色的名词。从直观上理解，医养结合是为了提高老年人口对医疗服务和养老照护服务的可及性，即老年人在享受养老服务的同时能方便、快捷地获得医疗服务。

从"医养结合"的概念出发，它具体是指在地理空间与可及性上的医养服务供给的增加，即包含在养老机构和医疗机构中的养老服务与医疗服务在距离上的有机结合，目的是让老年人更加方便、快捷地享受到医疗、养老、康复以及护理等服务。

如果从大健康的角度来解读"医养结合"，其目标是为了发展和维护老年健康生活所需的功能发挥的过程，即实现全体老年人健康老龄化的过程。为此，本研究从健康老龄化的视角来界定和探讨"医养结合"的内涵与目标，主要包括以下几个方面内容：①"医养结合"的核心问题是实现健康老龄化；②"医养结合"的照护对象是全体老年人，并针对自理老人、半自理老人和完全不能自理老人的健康状况、养老意愿和购买能力制定不同的照护策略；③"医养结合"服务内容包括健康教育、健康管理、疾病诊治、生活照料、日常照料/托管、康复护理、心理咨询/聊天解闷、临终关怀等在内的全周期、全方位、多层次服务；④"医养结合"服务模式包括居家养老、社区养老以及医养结合机构养老等形式；⑤"医养结合"的实现路径包括理念倡导、制度支持、政策配合、人才储备等（图1-2）。

医养结合机构是指拥有卫生部门颁发的"医疗机构执业许可证"的医院与拥有民政部门颁发的"养老机构设立许可证"的养老机构位于相同或相邻地址，并拥有同一个法定代表人或属同一集团。

目前我国医养结合机构服务模式比较典型的主要有三种：①养中有医模式；②医中有养模式；③医养并重模式。其中，养中有医模式是指养老机构开设医疗机构的模式；医中有养模式是指医疗机构开设养老机构的模式；医养并重模式是指医疗机构与养老机构合作互助的模式。据国家卫生健康委员会老龄健康司数据显示：截至2017年年底，全国共有近4000家医养结合机构，床位100余万张，其中，养中有医机构有2800余家，医中有养机构有

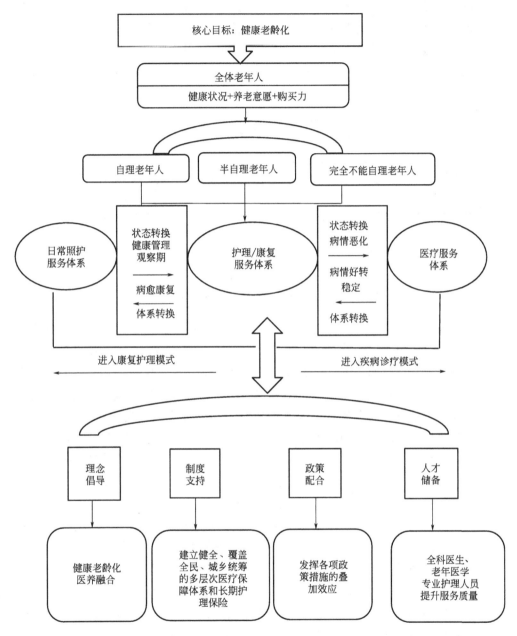

图 1-2　健康老龄化视角下"医养结合"服务体系的构建

1000 余家，医养并重机构有 11500 余对。这 3 种医养结合服务模式构架详见图 1-3～图 1-5。

（1）"养中有医"型医养结合机构服务模式　基于机构设施和床位都较为合适的养老机构或社会福利院，按国家医院的标准设立满足该地区养老需求的床位数量，配备专业医护团队与设施，形成融合养老、医疗、康复、长期照护等多功能为一体的医养结合机构，见图1-3。目前国内试点采用养中有医模式比较典型的有湖北省咸宁市通山县城市福利院开设专业医疗团队运营的医疗机构、北京市第一社会福利院开设福利医院、青岛福山老年公寓开设医疗中心等。

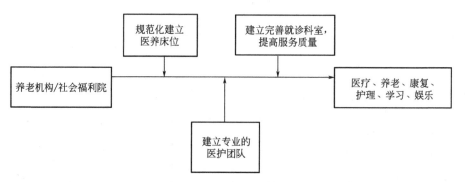

图1-3　"养中有医"型医养结合服务模式构架图

通山县城市福利院是通山县民政局下属的一个二级单位，属公建民营单位，2010年由政府和民营单位投资5000万元建成，2016年6月1号开始正式投入使用。目前，由金泰华城有限公司与通山县民政局签订为期十年的合作协议，全面托管通山县城市福利院。通山县民政局负责监督和指导，民营单位负责运行和业务管理。全院占地面积是68亩❶，建筑面积1万平方米，设有老年人房间113间，养老床位150张，设有工作服务大厅、会议室、手工室、棋牌室、放映室、老年课堂、阅览室、书法室、老年大舞台等娱乐休闲设施。院内设有专业医疗团队运营的医疗机构，不仅对会员开放，也对外提供医疗服务。设有门诊科室、药房、康复科和内科等住院科室，并配备医疗设施。院内共有执业医师7人（含康复3人、内科3人、门诊1人）、执业护士5人、养护人员17人。规划住院床位50张，实际开放病床29张。按照机构投资规模，提供养老服务并不赢利。医疗服务方面，每天的住院病人数量在20～30人，多的时候每天达38人。平均住院天数是8～9天，住院患者例均费用2200～2300元。病床使用率较高，入住老年人在接受治疗后即可返回自己的养老床位住，不占用病床。

（2）"医中有养"型医养结合机构服务模式　该模式有两种不同呈现形式：第一种是在具有条件的医院成立老年病科，老年病科有别于一般科室之

---

❶　1亩＝666.67平方米。

处在于，它是融合医疗、护理、养老、康复、健康教育、临终关怀为一体的医养结合科室。第二种是相关基层医院，为实现医疗资源整合，转型成为面向老年人医疗康复、护理、疗养、养老的专门机构，以达到医养结合的目的，见图1-4。目前运用此类模式试点的有：咸宁市中医医院老年医疗看护中心、重庆医科大学附属第一医院内开设青杠老年护养中心、河北医科大学第二医院开设养老机构等。

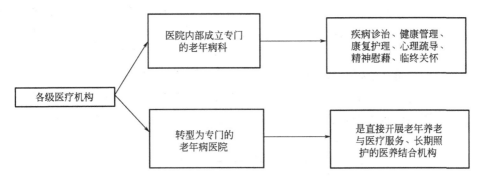

图1-4　"医中有养"型医养结合服务模式构架图

咸宁市中医医院老年医疗看护中心由该院老年病科、脑病科、康复科和两个门诊部整合而成，按照《湖北省民政厅关于养老机构设立许可的指导意见》（鄂民政发〔2014〕14号）要求，申请并获得养老机构设立许可。老年医疗看护中心拥有独立的门诊室和住院病区，病房配备十二导联心电图机、心电监护仪、动态心电图仪、血压监测仪、微量泵、血糖检测仪、电除颤仪、中心供氧及中心负压吸痰系统等医疗设备。拥有经验丰富的专业老年病医护团队和完善的救护设施。包括主任医师1人、副主任医师2人、主治医师2人、住院医师4人、主管护师1人、护师4人、护士3人。可提供：康复理疗；中药治疗；推拿按摩、穴位敷贴、耳穴治疗、中药足浴、中药熏洗等中医特色治疗；医学检验科、医学影像科诊疗；内科、外科、专科诊疗；电除颤、中心供氧及中心负压吸痰等急救治疗。获批养老机构执业许可，设有养老病床80张（同时具备养老床位、住院病床功能）。设有多间VIP病房及单人间，经"适老化"改造，配置有液晶电视、冰箱、洗衣机、微波炉、沙发等家用电器，以及中央空调，提供24小时热水供应，适合老年病人的生活起居。设有老年康复室，配置有红外按摩理疗床、步行辅助器具、中频电治疗仪、多体位按摩床、红外线治疗仪、超声波治疗仪、电动平行杆等康复理疗器材。设有老年活动室，配置多媒体投影仪和益智多功能桌。目前老年医疗看护中心运行养老病床的经济效益并不理想，完全是通过收治住院患者来补贴科室的收入。一方面，由于医院养老床位规模小，分摊照护成本高，按照普通养老机构的收费标准，医院难以负担成本，因此收费标准高于市场价格，超出了普通家庭承受能力，导致养老床位入住率低。另一方面，民政局没有参照给予养老机构的一般补贴政策对入住老年人按床位给予相应补助。

（3）"医养并重"型医养结合机构服务模式　医疗机构和养老机构相互达成协议共同实现医养结合，首先在医院层面，医疗机构对养老机构的医护人员进行医疗护理技能培训，定期对养老机构内的服务对象进行常见病、慢性病、老年病的健康管理，满足其就医需求。其次在养老机构层面，养老机构的老年人在生病需就医时，可直接通过双方协议达成的绿色通道在较短的时间内转到合作的医院进行疾病治疗，待病情痊愈或稳定后，再回到养老机构进行后续康复治疗，从而形成一种双向照护模式，见图1-5。目前通过此模式试点的有：咸宁市社会福利中心与咸宁市中医医院合作、中南大学湘雅三医院与湖南康乃馨养老机构合作、北京康泰医院与颐乐之家敬老院合作等。

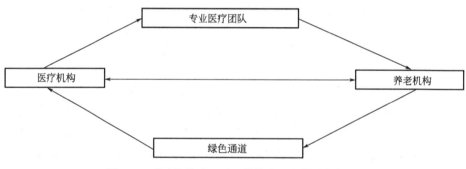

图 1-5　"医养并重"型医养结合服务模式构架图

咸宁市中医医院和咸宁市社会福利中心在入住老年人医疗、康复、保健等工作平等协商的基础上，与咸宁市中医医院签订《咸宁市社会福利中心老年人医疗保健康复服务协议书》，分别为协议甲方、乙方，咸宁市卫生健康委员会、咸宁市民政局为协议见证方。咸宁市社会福利中心占地面积 5400 平方米，主体建筑面积 3600 平方米。设有老年人房间 80 间，养老床位 150 张，入住老年人 92 人。设有医务室，配备基本的医疗检查设备、病床、简易的康复器械等。还设有棋牌室、活动大厅、阅览室、书法室等娱乐休闲设施。咸宁市中医医院为二级定点医疗机构，门诊部设有全科诊室，住院部开设 4 个病区，200 张病床。目前咸宁市社会福利中心属于非营利性机构，享受民政局的养老服务补贴，严格按照咸宁市物价局的服务收费标准收费，不涉及经济效益问题。咸宁市中医医院通过建立合作协议，接管了咸宁市社会福利中心老年人健康管理和医疗护理供给，获得了老年人的信任，增加了医院病源和一定的经济效益。与此同时，医院按照协议内容免费提供的上门巡诊服务、救护车接诊等服务，增加了医院的服务量以及人力成本。

养中有医模式不仅可以为老年人提供传统的日常生活照料服务，还可以根据老年人的实际需求（如疾病诊治、心理疏导/精神慰藉、健康管理等）提供有针对性、个性化的服务方案，能够满足老年人一般性诊疗服务的需求。医中有养模式配备了更专业的医护人员和医疗设施，可以为入住老年人提供不同层次需求的医疗服务和康复服务，更加适合失能/失智老年人入住。医养并重模式则整合现有养老与医疗资源，充分发挥养老服务与医疗服务的各自优势，形成功能互补，从而满足老年人的医养需求，也可以为老年人定制个性化的服务。

1.3.5　医养结合机构服务模式选择意愿

意愿是指行为个体从事某种特定行为的主观愿望，是行为个体的一种主观活动和思维，也可视为需求者购买某种商品的主观意愿，其受到消费者对该商品的价格、质量、认识、评价及周围环境等因素的影响。医养结合服务模式选择意愿指的是老年人对不同医养结合服务模式的主观倾向和愿望，他们选择不同模式的概率大小受到老年人对医养结合的认知、评价、身体状况、养老观念以及其他因素的影响。

1.3.6　老年人日常生活活动能力

本研究对医养结合机构入住老年人的日常生活活动能力情况进行调查。在社会学领域，日常生活活动能力既关注老年人本身的需求，也关注周围环境与生活设施的影响程度。本研究基于"日常生活活动能力量表（ADL）"分析不同 ADL 得分的入住老年人对医养结合机构的服务需求情况。

本研究采用的是 Lawton 和 Brody 在 1969 年编制的 ADL 量表，包括 14 项内容，由 6 项躯体生活自理能力与 8 项工具性日常生活活动能力组成。每项内容采用 1～4 分计分，依次为"完全能够自理""基本能够自理""部分能够自理"和"完全不能自理"。ADL 分值范围 14～56 分，S_{ADL} 14 分为 ADL 正常，$15 \leqslant S_{ADL} \leqslant 21$ 分为 ADL 下降，$S_{ADL} \geqslant 22$ 分为 ADL 明显障碍（$S_{ADL} = 56$ 分，为完全失去生活自理能力）。经检验，本次研究的 ADL 量表克朗巴哈系数（Cronbach's alpha）为 0.977，结构效度（KMO 值）为 0.957，量表具有良好的信效度。

1.4　国内外研究现状

西方发达国家较早步入了老龄化社会，他们关于健康服务与社会照护服务一体化方面的改革对我国有较好的借鉴意义。目前国内对医养结合服务模式、组织架构等方面也较为关注，众多学者对此也开展了成果丰硕的研究。以下通过对目前国内外医养结合的研究成果进行梳理和分析，以期给本研究提供新的研究思路和视角，并为后续研究奠定基础。

1.4.1 国外医养结合研究现状

目前各国政府建立了旨在改善对老年人的医疗卫生服务与日常生活照料的联合供给项目，其中，美国、英国、日本在医养结合方面的研究成果较为典型，其典型的成果分别是：①美国的 PACE 计划研究；②英国关于整合照护项目的研究；③日本的长期介护保险制度的研究。

（1）美国的 PACE 计划研究 PACE（The Program of All-Inclusive Care for the Elderly）计划于 1997 年在美国推出，并逐渐引起学者和业界的关注。PACE 计划即"全方位养老服务"，是一种新型社区-居家养老照护服务模式，其服务对象主要是需要医疗、养老、康复、护理服务的社区中失能、半失能的年龄在 55 岁及以上的老年人。该服务项目主要由医养结合机构提供，包括初级日常照料、健康管理、预防保健、疾病诊治、康复、护理、精神慰藉等综合性服务。目前 PACE 的经费来源主要是美国医疗保险和医疗救助，并辅助以政府购买服务与计划项目、商业运作模式。PACE 的服务质量主要由医疗保险中心或州政府的健康计划管理系统（Health Plan Management System，HPMS）负责监督管理。

研究者通过分析发现，PACE 在人才培养、政策支持、服务内容等方面所存在的问题，制约了 PACE 的运行和实施效果。专业医护人员的短缺是制约美国 PACE 计划实施和发展的核心问题，美国联邦政府应该给予政策支持。Davis 探究了 PACE 计划的运行机制、效率以及对于不同老年人的适用性，他认为 PACE 在美国的长期照护需要对服务内容和质量进行不断的完善和提升。PACE 计划在一定程度上减少了医疗费用支出，但其服务内容主要侧重于日间照料服务，覆盖范围和深度有待提升、政策支持力度不够以及运营过程中存在风险等原因使其发展缓慢，亟待进一步创新与完善。

（2）英国关于整合照护项目的研究 英国的综合照料制度被认为是一种提升服务效率，对服务进行整合的照护模式。综合照料包含横向整合与纵向整合两部分，横向整合主要体现为健康服务所涉及的机构、团体等相互之间的竞争或合作，纵向整合指在病人健康服务内容供给方面，其服务内容实现从初级护理到专门护理再到持续照护的纵向深入，其中，在医疗护理链上的各个组织需要协作和沟通。

学界通过研究发现，整合照护项目能够实现卫生资源集约化以及服务效率最大化，但在资金分配、管理与使用以及服务人员配置上需进一步提升。Mahiben 等认为，综合照料存在的问题主要是操作复杂、监管困难、资金不明晰和文化惯性，为此可以通过定义所有权、建立领导联盟制度、政府提供财税激励等政策支持，对资金进行重新集中和分配，对于服务人群与限定条件必须有统一的标准，建立技术设施，整合各方资源等方式加以改进。此外，Thomas 等对基于社区开展社区综合照护模式进行了讨论，研究认为以社区为中心开展综合照护服务是很有必要的，其难点在于缺少相应的理论与实践支撑，"金标准"和确实可行的方法难以获得。

（3）日本的长期介护保险制度的研究　日本采取的是老年人医院和特别照护养老院的中间机构模式。多数研究认为，日本的"长期介护保险"是为保障"介助"和"介护"老年人健康养老而提供的一种保险，其主要目的是解决此类老年人的医疗服务和日常护理需求。学界对其较为典型的定义有以下两种。①Jones 认为，长期介护保险是为那些由于衰老或意外因素造成失能或半失能的被保险人提供在家或护理机构医疗卫生护理及其他服务的补偿性保险，旨在减轻被保险者的经济负担。②Black 认为，长期介护保险是帮助住在安养院或享受居家护理服务的被保险者支付医疗康复和日常照料费用的一种保险。

随着日本长期介护保险制度日趋完善，学界重点基于长期介护保险的供需基于未来发展的趋势进行了分析和探讨。Ohwa 等通过相关数据分析发现，日本长期介护保险目前存在着供给与需求不匹配的问题。Shimizutani 探讨了日本长期介护保险制度的未来改革趋势，并对长期介护保险的成本和效益以及激励机制进行了研究。Shirasawa 则认为，护理人员缺乏、专业素养差以及资金短缺是制约日本长期介护保险制度发展的核心问题，因此应创新发展社区介护制度。

1.4.2　国内医养结合研究现状

（1）关于养老模式的研究　我国养老问题研究可以追溯到 1980 年。由于人口发展与社会经济步调不平衡、人口迁徙、家庭规模变化。我国的家庭养老功能弱化，"空巢老人"的现象开始出现，这对于各种社会资源进入养老领域提供了契机。20 世纪 90 年代以后，学界的研究重点主要聚焦于社区养老领域，并积极探索如何将政府和社会资源融入养老服务模式中，养老的关注点从经济物质基础保障的完善，转变到照料的需求，再到精神层面的满足上。

从养老方式上探究，当前学界认为已有的养老方式达 20 多种，主要包括家庭养老、居家养老、社区养老、机构养老、互助式养老、候鸟式养老、以房养老、智慧型养老等形式，但以上所涉及的养老形式在范畴上有所交叉。

从养老服务需求方面研究来看，随着我国老龄化程度日益严峻，老年人对养老服务需求日益增加。目前学界对养老服务需求的研究主要聚焦于对养老服务需求影响因素的研究，李秀明等于 2015 年在重庆市主城区采用多阶段分层抽样方法调查了 420 例 60 岁以上老年人，结果显示老年人子女数、健康状况、医养结合子女支持度及医养结合支付意愿是老年人医养结合需求的影响因素（$P<0.05$）。郝晓宁等采用典型抽样的方法，对北京市 3 个区的老年人进行问卷调查，研究显示，文化程度、人均月收入对失能老年人选择机构照料需求有影响。田甜等采用问卷调查和个别访谈的形式，对成都市 145 名老年居民进行调研，结果显示，户籍和健康状况是影响社区居家养老服务需求的主要因素。王佳姝等通过方便抽样抽取 4 个省共 6 个城市的社区老年人 219 例，进行问卷调查及焦点访谈，研究显示年龄、婚姻状况、慢性病、独立生活能力是影响机构养老服务需求的主要因素。

从养老服务供给方面研究来看，目前主流的养老模式主要分为三类，即居家养老、社区养老和机构养老。多数研究者认为，现阶段我国的养老模式应该趋向于多元化、多层次的养老方式和模式。也有研究认为，我国社会应当实行一种到几种主流的养老模式，作为解决人口老龄化与养老问题的应对之策，从而使中国真正形成"老有所医、老有所养"的健康老龄化格局。

国内关于对不同养老模式的选择和评价研究相对较少，主要是因为老年人的人口学特征各不相同，个体化特征比较明显，而具体的养老模式也多种多样，目前多数研究主要基于对某种具体的养老模式的探究和分析。

（2）关于医养结合的研究　随着我国失能、失智和患慢性病老年人照护需求与医疗护理资源供给不匹配之间矛盾的凸显，国内逐渐有学者触及医养结合及相关研究，研究内容主要聚焦于对医养结合地方试点的案例研究和对医养结合模式类型、存在问题及改进对策的概述性探讨。

关于医养结合地方试点的研究。青岛、北京、上海、武汉等地区对医养结合服务问题进行了初步探索，并形成了各地的特色模式。申吉忠讨论了烟台市的"广济医养模式"；夏家红探讨了武汉市医养结合模式的做法、经营理念及下一步思路；邹霞讨论了大连市中心医院"六位一体"的居家养老模式；李杰分析了青岛市医养结合模式的运行情况；沈婉婉等讨论了上海市养老机构医养结合模式的优化问题；臧少敏针对北京市医养结合养老服务实践现状，构建出适合北京市发展的医养结合服务模式。

关于医养结合模式类型的研究。根据全国各地试点经验，王素英等认为，医养结合模式主要分为 3 大类型："整合照料"模式、"联合运行"模式和"支撑辐射"模式。赵晓芳指出，医养结合的实现形式有 3 种：养老机构开设医疗机构、医疗机构内设养老机构、养老机构与医疗结构合作。刘清发等基于嵌入性视角研究发现：医养结合科层组织模式、契约模式以及网络模式构成了医养结合服务模式。王建云基于资源整合视角，认为医养结合服务模式包括单个医养机构提供"医养康护"服务；符合条件的综合医院开设老年病科、老年病房；社区嵌入型养老机构与社区卫生服务中心（站）或乡镇卫生院合作等。

关于医养结合模式存在的问题研究。学界通过研究认为，目前医养结合机构普遍存在缺乏配套政策和制度、部门职责不明晰、政策支持力度不够、资金和专业养老护理员短缺、服务供需不匹配等问题。对于那些软硬件条件较差的医养结合机构尚未做好医疗和养老服务的衔接工作，其专业医护人员短缺、床位闲置、资金亏损等问题尤为突出。赵晓芳指出，医养结合机构的医保报销问题尚受到现有政策的约束，配套政策和制度缺乏，机构发展后劲不足。由于养老机构和医疗卫生机构由民政部和国家卫健委分别管理，各部门职责界限不是很明晰。张晓杰在参照荷兰相关经验的基础上提出，应建立有阶梯序列的医养结合服务模式，目前我国医养结合服务项目与目标群体不够精准，服务供需不相匹配等问题亟待解决。

关于医养结合模式改进对策的研究。学界分别从政策、制度、资金、人才及服务内容等方面提出了改进对策。医养结合模式从宏观层面需要社会氛围、制度体系、组织保障三方面的政策支撑。我国应发展长期护理保险制度，并将其纳入社会保障制度，以减轻老年人的长期照护负担。国家应逐步出台与医养结合相配套的文件与政策法律法规，制定中长期发展规划，增强政策的支持力度。加强顶层设计，民政部、财政部及国家卫健委等各部委要明确责任，互相合作，协调统一。黄佳豪等从专项基金、资金整合、信贷支持等角度提出了相关建议。钱红祥等指出，提升医护人员技术水平和改善养老护理员的社会地位和待遇，以缓解老年照护人才短缺以及技术素养欠缺等问题。医疗和照护人才队伍要根据实践进行合理流动。医养结合机构可根据老年人ADL 及服务需求的不同，实行功能区制度，如慢性病预防管理区、大病康复护理区、临终关怀区、生活照料区等，针对不同特征老年人的需求进行与之相适应的养老服务。何素彩基于 SERVQUAL（服务质量）模型构建的"医养护一体化"社区老年医疗服务质量评价体系，认为社区老年医疗服务应更加注重服务的移情性，关注老年人刚性需求，开展个性化、具有人文关怀属性的医疗服务。宋惠平等指出，应从大健康的视角出发，建立针对失能/失智、半失能老年人的长期照护服务体系。

1.4.3 国内外医养结合服务模式研究评述

综上可知：国外医养结合相关研究起步较早，成果丰富，研究不断深入，并在此基础上开创出独特的医养结合项目或相关制度模式；而国内医养结合研究起步较晚，目前尚处于探索与试点阶段，目前学界关于医养结合的研究还存在以下几个方面的局限。

① 现有研究对核心概念的界定和重要分类的划分仍不明晰。对于养老服务体系、长期护理保险以及医养结合等重要概念，有待权威部门和国家对相关概念进行界定和解释，从而在研究当中达成共识，使得研究结果易于比较，并能够基于理论基础抽象出概念模型，进而开展复杂的定量研究。

② 目前研究对医养结合模式理论基础研究的深度和广度还有待提升，尤其是对于医养结合服务模式的多元化、多层次的理论分析较为欠缺，医养结合模式的理论研究多限于经济学、管理学、社会学和人口学，未能实现多学科交叉研究，跨学科的老年人的养老模式研究较少，案例研究、经验性探讨和对策建议研究较多，通过提炼创新性概念的理论研究少之又少。

③ 既有研究大多从老年人这个需求个体出发，主要基于微观视角和养老问题本身进行探究，缺乏从整个宏观视角，基于顶层设计和全局观的高度来审视医养结合问题。

④ 目前既有研究对老年人的需求和服务供给的分析和探讨有待完善，将老年人医养结合服务需求和医养结合机构服务供给作为基础的研究更为缺乏。目前，无论是对医养结合机构入住老年人 ADL 的分析研究，对医养结合服务模式的选择，对医养结合机构服务的内容和质量或是对健康老龄化的相关问题，这都需要以老年人的需求、期望以及医养结合机构服务供给作为研究基础。老年人的需求和医养结合机构服务供给也会因为地域、收入水平、观念、人口学特征等因素而不同，从而导致对不同医养结合服务模式的选择、对服务需求的影响因素也不尽相同，不同类型医养结合机构服务的供给与入住率及影响因素也有所不同。因此，这一方面的研究亟待加强。

⑤ 目前国内研究多是从医养结合存在的问题入手，尚未形成系统性的研究框架。同时，研究方法不够广泛，多为实证研究，以案例分析法与质性研究为主，缺乏系统的定量研究。从研究数量和质量看，国内研究数量较少，质量偏低。

⑥ 相比国外研究，国内医养结合模式研究具有地域上的局限性，缺少全国性的医养结合研究，且大部分论述较为浅显，理论探讨与定量分析不够深入，一般性理论升华较少，对于相关研究成果推广到全国欠缺说服力。

2

理论基础与研究设计

2.1 理论基础

2.1.1 需求层次理论

马斯洛需求层次理论（Maslow's hierarchy of needs）属于人本主义科学的理论方法之一，是由美国心理学家亚伯拉罕·马斯洛于 1943 年在论文《人类激励理论》中提出。马斯洛认为人的需求从低到高可分为 5 个层次，如图 2-1 所示，即生理需求、安全需求、社会需求、尊重需求和自我实现的需求。

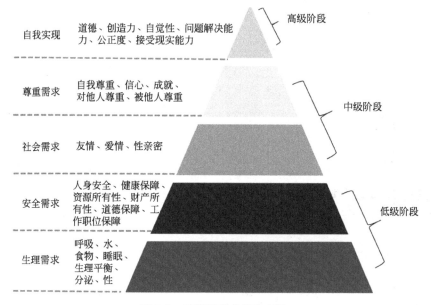

图 2-1 马斯洛需求层次理论

依据马斯洛需求层次理论，医养结合需求也可分为五个层次：第一，经济与物质保障需求，如吃饭和住宿；第二，照料与养老需求，这主要是针对生活自理老人的独立生活能力需求以及半自理和完全不能自理老人的长期照护需求；第三，精神慰藉/心理疏导需求，既往研究显示，老年人与其他年龄群体相比更需要人际交往，为此，精神慰藉与心理疏导服务对于老年人是相当重要的；第四，社会参与需求，老年人的社会参与度与其身体功能发挥具有正相关性，两者之间存在着交互作用；第五，尊重与自我实现需求，这也是老年人的最高需求，能够在生命晚年，发挥余热，最终达到自我价值的实现（图 2-2）。基于需求层次理论，本研究将不同身体状况老年人对医养结合服务需求作为对比的重要变量。

2.1.2 钻石模型理论

钻石模型理论（又称"菱形理论"或"国家竞争优势理论"）是由美国

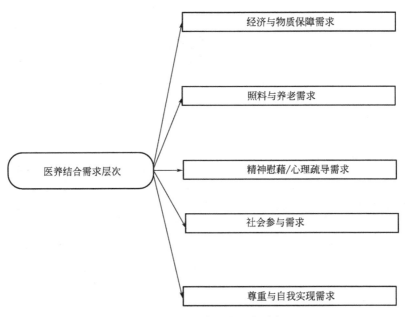

图 2-2 医养结合的多层次需求

著名的战略管理学家迈克尔·波特于 1990 年提出并在他的《国家竞争优势》一书中加以完善，用于产业竞争优势的分析中。其目的是为观察一个国家或地区的某个产业受其外部与内部的影响因素提供了一个很好的分析思路或框架，因此被广泛地运用到各种产业发展影响因素的研究当中。迈克尔·波特的钻石模型包括六个方面的要素：①生产要素；②需求条件；③相关产业和支持性产业的表现；④产业主体的战略、结构和竞争对手；⑤机会；⑥政府角色（图 2-3）。

　　基于迈克尔·波特的钻石模型的分析，医养结合服务模式的生产要素、需求条件、相关和支持性产业以及产业战略和结构这 4 大要素构成了医养结合服务模式钻石模型的基本框架。其中，生产要素是其发展的基本条件；老年人对 3 种医养服务模式的需求是其发展的内在动力；相关和支持性产业是其发展的支撑和保证；产业战略和结构是其进一步发展的方向和指南。我国人口老龄化程度较为严重，如何实现老年人群的健康老龄化为全国医养健康产业的发展提供了机遇；近几年国家层面密集出台了多项政策，聚焦医养结合，也促进了我国医养健康产业的快速发展。由于养老产业具有"准公共产品"的属性，需要发挥政府的主导作用，并辅以市场的调节作用，促进我国医养健康产业健康有序的发展。

2.1.3　社会分层理论

　　社会分层（social stratification）属于社会学范畴，它是指"依照一种共同的

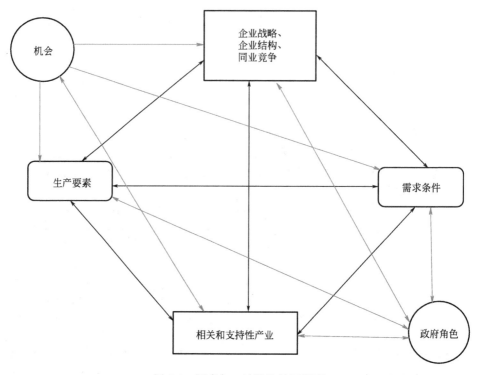

图 2-3　迈克尔·波特的钻石模型

社会经济地位而将人们区分成不同群体"的分类方式，它涉及关于社会不平等的方方面面，包括经济、政治、技术等方面。社会分层的范畴非常宽泛，涵盖阶级和阶层两重概念。阶级划分的标准是经济状况，而阶层划分的标准不完全是经济状况，职业、社会地位、受教育程度、人际圈、权利等影响因素，都可能成为社会分层的划分标准。老年人口作为一个差别巨大的社会群体，不同层次老年人的医养服务需求不尽相同，这些群体老年人的社会经济地位特征的差异性会对他们选择不同类型的医养结合模式产生影响（图 2-4）。

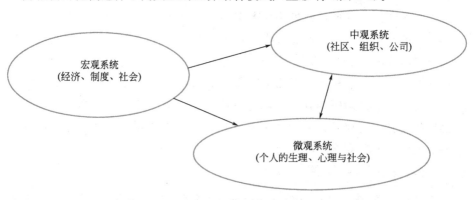

图 2-4　社会分层理论

2.1.4 福利多元主义理论

福利多元主义是指福利的规则、筹资和提供有不同的部门共同负责、共同完成，而不局限于单一的政府部门。福利多元主义亦称混合福利经济（mixed economy of welfare）。福利多元主义有两个核心的内涵：多元化和分散化。伴随着西方国家对福利多元主义理论的研究和实践之后，我国也进行了福利供给多元化的研究，制定了适合我国国情的"社会福利化"政策。2013年9月国务院发布了《关于加快发展养老服务业的若干意见》（国发〔2013〕35号）明确提出社会福利化，并制定了中国养老服务业的发展目标，提出采取国家、社会、个人多方投资的办法兴办社会福利机构。由此，我国医养结合机构目前以公建民营和民建民营为主的身份参与医养结合服务的进程中，服务对象涵盖包括农村五保户和城市三无老人在内的所有有养老需求的老年人，伴随着我国人口老龄化程度日益加剧以及失能、失智老年人数量的急剧增多，医养结合机构也发挥着越来越重要的作用。本研究基于福利多元理论，为政府、医养结合机构与老年人三者之间在医养结合服务供给中的关系提供理论支撑。

2.2 资料来源与研究方法

2.2.1 资料来源

本研究通过现场机构调查和自填问卷的方法收集医养结合服务模式与供需情况定量资料，通过文献复习法、焦点小组访谈法收集医养结合机构服务内容与质量等定性资料。

2.2.1.1 文献复习

文献复习法的目的在于了解我国医养结合的相关政策、方针、规定和标准，以及目前国内外医养结合模式及服务供需的现状和存在的问题。

文献复习的主要内容包括以下几个方面。

① 政策文件：包括与医养结合相关的国家宏观政策和大政方针，卫健委、民政部、医保局等部委文件，地方政府法律法规和卫健委、民政厅/局、医保局文件，以及党和国家领导人讲话等。

② 国内外相关文献：包括国内外关于医养结合的论著、学位论文、文献综述，以及相关的调查研究、政策解读等。

③ 统计报表信息：包括卫生健康统计年鉴、历年人口统计年鉴、卫生和计划生育统计年鉴、民政统计年鉴、医养结合机构信息报表、统计公报（年报）资料等。

2.2.1.2 老年人问卷调查

通过现场调查，获取青岛市7个市辖区60周岁及以上入住医养结合机构老年人的医养服务情况，分析老年人对不同类型医养结合机构的选择偏好和意愿，对医养结合机构服务的需求及其影响因素。

（1）调查对象和抽样方法 本研究以国家医养结合示范城市——青岛市作为样本地区，研究对象是青岛市7个市辖区60周岁及以上入住医养结合机构的老年人，纳入标准包括：①年龄≥60岁；②在医养结合机构居住时间≥6个月；③对问卷调查内容有一定认知及反应能力；④对本次调查知情同意。排除标准包括：①严重生理/心理疾病导致不能接受问卷调查者；②因语言沟通不畅、听力障碍、理解能力极差等致使不能完成调查者。

采用多阶段分层抽样方法，根据预先拿到的抽样框，按照7个市辖区医养结合机构数目最优分配原则，每个区随机抽取2～11家医养结合机构，每个医养结合机构入住老年人按完全自理、半自理、完全不能自理人数比例进行分层，在每家医养结合机构中抽取符合纳入标准的老年人20～80人，共抽取7个区43家医养结合机构入住的2040位老年人进行问卷调查，共回收问卷1950份，其中，有效问卷1907份，有效率97.79%。

青岛市入住医养机构老年人在各市辖区的频数分布情况见表2-1。

表2-1 青岛市入住医养机构老年人在各市辖区的频数分布情况

市辖区	人数	构成比/%
黄岛区	116	6.08
市南区	270	14.16
城阳区	291	15.26
崂山区	167	8.76
即墨区	144	7.55
李沧区	373	19.56
市北区	546	28.63
合计	1907	100

（2）老年人调查问卷和调查内容 调查工具为青岛市60周岁及以上老年人医养结合服务需求调查问卷，该问卷通过文献复习法、德尔菲法等方法设计而成。课题组在充分查阅相关文献的基础上，根据研究目的，对该调查问卷的结构和内容进行了两轮讨论与修改，并于2017年6月在青岛市李沧区圣德老年护养院进行预调查，通过预调查将存在的问题对照调查问卷进行修改完善和定稿。调查问卷由个人基本信息、家庭基本情况、健康状况和卫生服务利用、自理能力和日常生活状况、社会经济状况、医养结合机构服务情况六部分组成。

主要内容如下。

① 个人基本信息：包括性别、年龄、户籍类型、民族、婚姻状况等。

② 家庭基本情况：包括老年人子女基本信息、代际关系、家庭关系等。

③ 健康状况和卫生服务利用：包括健康状况、患病情况、医疗保险等。

④ 自理能力和日常生活状况：包括 ADL 量表、照护情况、每天活动安排、理想的医养结合机构模式等。

⑤ 社会经济状况：包括之前的职业情况、收入和支出情况等。

⑥ 医养结合机构服务情况：包括医养结合服务模式的知晓、利用和需要情况，医养结合机构模式的评价，医养结合机构服务的知晓、利用和需要情况，医养结合机构服务团队的知晓、参与和需要情况等。

资料的收集：在对医养结合机构老年人进行调查时，选择医养结合机构内部工作人员作为调查员，并由课题组进行统一培训。通过医养结合机构的管理人员获得每个机构被调查老人名单，调查员在老年人知情同意后，在机构进行面访调查。按照问卷要求，由调查员根据被调查老年人的回答填写调查问卷。

2.2.1.3 医养结合机构问卷调查

该调查主要用于获取医养结合机构的基本情况、机构设施情况、工作人员情况、养老服务供给情况、入住老年人情况以及财务情况的相关数据，分析医养结合机构的服务供给状况和医养结合机构入住率及其影响因素。

(1) 调查对象　调查对象为青岛市的黄岛区、市南区、城阳区、崂山区、即墨区、李沧区、市北区的各类医养结合机构，包括社会福利中心、老年公寓、养老院、养老服务公司、护养院、护理院等形式。采用多阶段分层抽样方法，根据预先拿到的抽样框，按照 7 个市辖区医养结合机构数目最优分配原则，每个区随机抽取 2~11 家医养结合机构，共计抽取 43 家医养结合机构进行调查。

青岛市医养结合机构在各市辖区/市属的频数分布情况见表 2-2。

表 2-2　青岛市医养结合机构在各市辖区/市属的频数分布情况

市辖区	机构数	构成比/%
黄岛区	3	6.98
市南区	6	13.95
城阳区	6	13.95
崂山区	4	9.30
即墨区	2	4.65
李沧区	11	25.58
市北区	9	20.93
青岛市市属(分别隶属市南区和市北区)	2	4.65
合计	43	100

(2) 调查工具和调查内容　调查工具为医养结合机构调查表。调查内容

主要包括以下几个方面。

① 机构基本情况：包括兴办主体、主管部门、开业时间、床位规模、医养结合机构模式等。

② 医养结合机构设施：包括机构用房的数量、面积，学习娱乐用房的数量、种类，健身活动场所与设施的数量和种类等。

③ 工作人员情况：包括工作人员（管理人员、医生、护理人员、养老护理员）的数量、构成、学历、技术水平、培训情况等。

④ 医养结合服务情况：包括医养服务的内容、提供方式、服务的数量等。

⑤ 入住者情况：包括入住老人的人数、年龄构成、健康状况、患病情况、入住费用支付方式等。

⑥ 财务状况：包括投资情况、收入情况、支出情况等。

（3）资料的收集　通过电子邮件发放医养结合机构调查表，由医养结合机构根据填写说明和填写要求自填问卷。问卷填写完成后，以电子邮件的形式统一发给课题组指定邮箱。

2.2.1.4 焦点小组访谈

焦点小组访谈法主要用于获得医养结合机构医养服务利益相关的老年人、机构管理人员和医护人员、政府部门相关人员对医养结合机构服务供给的概况与认识，并对医养结合机构服务的供给情况及存在的问题进行定性分析。

（1）访谈对象（共访谈 50 人）

① 医养结合机构管理人员：主要包括 3 位医养结合机构的主要负责人（院长或书记），以及 7 位医务主任或护士长，共 10 人。

② 医养结合机构工作人员：主要包括医养结合机构的医生 3 人、护士 3 人以及养老护理员 4 人。

③ 医养结合机构入住老年人：主要包括入住医养结合机构 60 岁以上的老年人，其中完全自理老人 6 位，半自理老人 8 位，完全不能自理老人 6 位，共计 20 人。纳入标准：受访老人思维敏捷，可以自由表达观点，能与调查员流畅沟通，且没有浓重的地方口音。排除标准：严重生理或心理疾病致使不能接受问卷调查者；因语言沟通不畅、听力障碍、理解能力极差等致使不能完成调查者。

④ 政府部门/协会人员：主要包括民政局、国家卫健委、养老服务协会等相关部门的负责人，其中民政局负责人 3 人，国家卫健委负责人 4 人，养老服务协会负责人 3 人，共 10 人。

（2）访谈内容　根据研究目的，以医养结合机构服务供给情况这一核心内容为主线拟定访谈提纲。访谈的内容包括老年人对医养结合的认识，对于医养结合机构有什么看法，老年人对医养结合机构服务的需要，医养结合机构服务的种类、数量和质量，对于长期护理保险制度的需求，老年人对医养结合机构服务的利用情况，医养结合机构工作人员的数量、质量和技术水平，医养结合机构发展中存在的问题及对策建议等。

（3）访谈资料的收集　访谈人员包括1名主持人、1名记录员，由经过培训的课题组成员担任主持人。通过记录员笔记、录音或者电子问卷的方式，记录访谈的原始资料。在访谈结束后将相关资料统一转化为文字，反复阅读文本资料，并结合记录员的记录，依据访谈提纲对文本资料进行编码，提取关键词，重新组合归类，并对访谈结果进行归纳总结。

（4）资料录入与整理　对于焦点小组访谈收集的资料，在访谈结束后将录音资料或纸质资料统一转录为电子文档。根据提纲中的问题，按照研究目的和访谈内容进行重新组合归类，对访谈结果进行归纳总结。

（5）质量控制　主要通过如下措施进行质量控制。

① 合理选择访谈对象：从不同类型的医养结合机构选择管理人员和工作人员作为访谈对象，从青岛市卫健委、民政局、医保局等政府部门选择相关人员作为访谈对象，由经过培训的主持人组织并记录焦点小组访谈。

② 预调查：在正式调查前，课题组研究人员需进行预调查，以熟悉问卷和发现问题。根据调查中出现的问题修改调查问卷、优化实施方案。调查表中配备有填表说明和指标定义，便于被调查者准确理解调查表内容。

③ 培训调查员：课题组对调查员进行严格的培训，使调查员了解本研究的目的，理解问卷的内容并掌握相关调查的技巧，同时通过培训质量监督员，对完成的问卷进行复查，发现漏项、逻辑错误和填写错误等情况及时反馈给调查员进行更改和完善。

④ 机构问卷：会同青岛市养老服务协会相关人员对问卷进行核实，发现漏项和填写错误及时与填表人联系，进行更改和完善。

⑤ 严格控制录入质量：录入完毕后反复核查数据，避免错误录入情况，发现异常值和离群值及时进行核对和更正。

2.2.2　研究方法

本研究综合运用了文献分析法、焦点小组访谈法、问卷调查法、对比分析法、SWOT-CLPV模型、决策树模型、结构方程模型、统计分析法等方法。

（1）文献分析法　文献研究是最基本的学术研究方法之一，主要是通过收集、筛选、整理和分析已有的文献，从中了解事物的研究现状、存在问题以及对策建议，是探索事物本质的研究方法。文献研究方法主要是间接通过搜索和研究各种文献获得相关资料。通过对已有文献进行检索、整理和分析是进行学术研究的基础，可以从研究问题的历史脉络上把握事物的本质。该研究通过对国内外前沿文献的摘要、主题、全文，搜索研究主题的既往研究成果。常用的中文文献数据库包括：中国知网（CNKI）、万方数据知识服务平台、维普文献数据库、百度学术等。外文文献数据库主要包括：PubMed、Web of Science、Science Direct、ProQuest 以及 Google Scholar 等。

（2）焦点小组访谈法　焦点小组讨论，又称小组座谈法，就是采用小型座谈会的形式，由一个主持人以一种无结构、自然的形式带领 6～10 名被调查者讨论，收集被调查者对于某一主题的认知、态度与评价，通过访谈者主动询问、受访者逐一回答的形式进行，从而获得对有关问题的深入了解。本研究基于访谈提纲，将访谈对象分为：①医养结合机构管理人员；②医养结合机构医护人员；③医养结合机构入住老年人；④政府部门工作人员。通过对上述人员进行深度访谈，目的是获得更全面、更有深度以及现实和理论依据的与研究主题相关的内容。

（3）问卷调查法　问卷调查法是研究者利用经统一设计的问卷向被调查者了解情况以及相关看法的一种调查方法。为了更加翔实和全面地了解青岛市不同医养模式下老年人的医养服务供需现状以及影响因素，本研究利用自行设计的青岛市医养结合机构入住老年人医养服务调查问卷和青岛市医养结合机构调查表，深入青岛市 7 个市辖区的 43 家医养结合机构，对调查问卷数据进行收集。

（4）对比分析法　对比分析法也称作比较分析法，是通过数据对比来研究不同事物之间的差异，从中了解情况并发现问题的一种分析方法。为了研究青岛市老年人医养模式意愿、医养服务的供给与需求状况，本研究对"养中有医""医中有养"以及"医养并重"三种模式及受益群体进行对比分析。并在描述性统计分析的基础上，利用因素分析法分别进行统计推断，并对结果进行对比分析。

（5）SWOT-CLPV 模型　SWOT 分析模型（又称为 TOWS 分析法、道斯矩阵）即态势分析法，20 世纪 80 年代初由美国旧金山大学的管理学教授韦里克提出，经常被用于企业战略制定、竞争对手分析等场合。而 SWOT-CLPV 方法是在 SWOT 分析模型的基础上扩展而成，主要是在 SWOT 模型的基础上，定量分析研究对象内部的优势 S（strength）、劣势 W（weakness）分别与外部的机遇 O（opportunity）、威胁 T（threat）之间相互作用产生的抑制性 C（control）、杠杆效应 L（leverage）、问题性 P（problem）和脆弱性 V（vulnerability）。

SWOT-CLPV 分析模型基于杠杆效应、抑制性、脆弱性和问题性 4 个分析维度，通过对组织所处的内外部环境进行分析和评价，确定内外部存在和可能的影响因素及变量。通过 SWOT-CLPV 分析法，利用 4 种因素之间的相互转化关系，分析各要素之间的动态变化。与传统的 SWOT 模型相比，

SWOT-CLPV模型将定性分析与定量分析相融合，能够更好地解释问题，有利于以问题为导向的政策的制定和实施。本研究基于"SWOT-CLPV"模型，对青岛市不同类型"医养结合"服务模式的建设和发展情况进行分析，探讨存在的问题及其影响因素，为青岛市"医养结合"服务模式构建和创新提供新的理论基础和现实依据。

（6）决策树模型 决策树（decision tree）是在已知各种情况发生概率的基础上，通过构成决策树来求取净现值的期望值大于等于 0 的概率，评价项目风险，判断其可行性的决策分析方法，是直观运用概率分析的一种图解方法。决策树算法是一种数据分析工具，可以实现探索数据内在规律，预测新的数据对象，其内涵是一种分类工具。决策树算法主要是基于机器学习，从机器学习中探索隐藏规律，可用于对新的数据对象进行分类和预测。本研究基于不同特征老年人对医养结合机构服务模式的选择意愿，构建老年人医养结合机构服务模式选择的决策树模型。

在机器学习中，决策树是一个预测模型，代表的是对象属性与对象值之间的一种映射关系。树中每个节点表示某个对象，每个分叉路径则代表的是某个可能的属性值，每个叶子节点则对应从根节点到叶子节点所经历的路径表示的对象值。在数据挖掘中，决策树是一种经常使用的技术，既可以用于数据分析，也可以用来进行预测。

决策树的生长过程就是将数据进行不断的分类，每次分类都要求分组之间"差异"最大，同组内的因变量尽量一致。每次分组对应一个问题，也对应一个节点。所有决策树模型的算法都基于这一原则，其区别就在于对"差异"的测量手段。生成决策树的算法主要有以下几种。

① CHAID算法：即卡方自动交互探测（Chi-squared automatic interaction detector，CHAID）。它以因变量为根结点对每个自变量（分类或有序变量）进行分类，采用列联表中的卡方检验来决定哪个类别的预测属性与预测值能最大限度的独立。若几个变量的分类均显著，则对比这些分类 P 值的大小，然后选择最显著的分类法作为子节点，最终的细分群体由多个变量属性共同描述与决定。

② CART 算法：即分类回归树（classification and regression trees，CART），基于基尼系数作为测试属性的选择标准，将数据拆分成若干与因变量尽可能同质的变量值，相同的终端节点是同质的"纯"节点。

③ ID$_3$算法：从样本的单个节点开始树的构造，如果属于同类，该节点就是叶节点；如果不属于同类，则随机选择一个子集，计算每个属性的信息增益，选择增益最大且未被选择的属性作为节点，并创建分支，直至所有记录属于同一类，或者节点中的记录数小于规定时。

本研究采用 CHAID 算法，对影响老年人选择不同医养结合机构的因素进行分析，通过决策树模型，找出老年人对不同医养结合机构的选择意愿，将最有可能的影响因素划分为不同亚群的指标，界定指标的临界点，同时基于树结构，直观地展示各种因素之间可能存在的交互作用。

（7）结构方程模型　结构方程模型又称作协方差结构模型，是利用变量的协方差矩阵分析各变量之间关系的一种统计方法。结构方程模型由两个次模型构成——测量模型（measurement model）和结构模型（structural model），测量模型描述的是潜变量和指标的关系，结构模型指的是潜变量之间的关系及其他变量无法解释的变异量部分。本研究通过分析不同特征的老年人对医养结合机构服务需求及利用情况，并对不同医养结合机构服务供给情况进行分析，最终通过结构方程分析来探讨各潜在变量之间的相互作用。

（8）统计分析方法　采用 EpiData3.1 建立数据库并进行问卷录入，录入完毕后，进行质量控制，以排除逻辑错误和异常值。编码后导入 SPSS25.0 对数据进行统计分析。对医养结合服务供给与利用情况采用描述性分析，计数资料采用百分数（%）表示，计量资料如服从正态分布以均数±标准差（$\bar{x} \pm s$）表示，如不服从正态分布则采用中位数和四分位间距作为统计指标进行描述；无序分类资料比较采用 Pearson-χ^2 检验或者 Fisher 确切概率法；医养结合服务需求两组间比较采用 t 检验，多组间比较采用单因素方差分析；医养结合机构服务模式选择影响因素采用多元 logistic 回归分析，老年人不同医养结合机构选择采用决策树模型，老年人医养结合服务需求影响因素采用多重线性回归分析与结构方程模型，医养结合机构床位利用情况影响因素采用多重线性回归分析；以 $P<0.05$ 为差异有统计学意义。

本研究中的定量资料，主要采用 Excel2016、SPSS25.0、Stata15.0、AMOS23.0 等软件进行统计分析。

2.3　研究内容

研究内容包括：基于与医养结合相关的需求层次理论、钻石模型理论、社会分层理论及福利多元主义理论，对医养机构服务模式的"选择意愿-医养结合服务需求-医养结合服务供给"进行研究；基于 logistic 模型对老年人医养结合模式选择意愿及其影响因素分析；采用卡方自动交互探测（CHAID）算法构建老年人医养结合服务模式选择模型；通过不同医养模式服务的供给与需求进行对比分析，分析其影响因素；基于结构方程模型验证不同特征老年人与医养结合机构服务的需求的关系。基于上述研究，从医养模式需求、医养服务供给、医养服务需求三个维度，从宏观（政府）、中观（社区）、微观（老年人）三个层面，为制订适合青岛市乃至山东省社会经济发展水平的医养结合服务提供对策和建议，旨在完善和创新适合青岛市乃至山东省的医养结合模式及其服务的供给，从而为实现"老有所养、老有所医"和健康老龄化做出积极贡献。

2.4 研究框架

研究框架如图 2-5 所示。

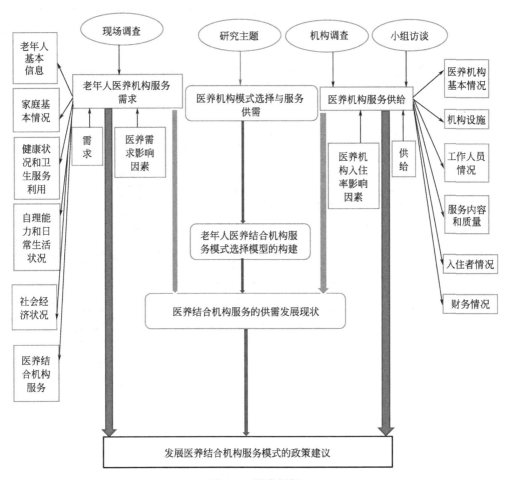

图 2.5 研究框架

2.5 研究技术路径

本研究按照"提出问题—构建分析思路与框架—数据收集—分析并发现问题—解决问题"的结构框架进行研究。该课题的技术路径如图 2-6 所示。

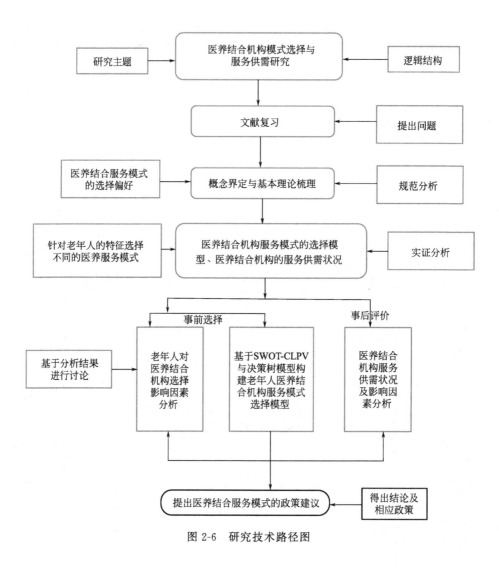

图 2-6　研究技术路径图

3

老年人基本情况与医养结合机构选择影响因素分析

青岛市是国家计划单列市、特大城市、山东省副省级市，1987 年就步入人口老龄化社会，是我国老龄化程度较为严重的城市之一。统计数据显示，截至 2017 年年底，青岛 60 岁及以上常住老年人口为 202.70 万人，占全市常住总人口的 21.80%，高于全国 17.30% 的平均水平，其中：65 岁及以上老年人为 131.09 万人，占总人口数量的 14.11%，也高于全国 11.40% 的平均水平，同期，全市失能、半失能老年人约 28 万人，老龄化程度与长期照护问题进一步加剧，伴随着人口老龄化与长期照护问题而来的是巨大的养老与医疗服务需求。

为了满足老年人多层次、个性化的医养需求与服务供给不足的矛盾，2018 年山东省人民政府在出台的《山东省新旧动能转换重大工程实施规划的通知》（鲁政发〔2018〕7 号）中明确指出：各地级市要深入实施"健康山东"战略，促进医疗、养老、养生、体育等多业态融合发展，打造全方位、全周期健康服务产业链，创建国家医养结合示范省。到 2022 年，医养健康产业增加值力争达到 11500 亿元，占地区生产总值的 11.50%。由于老年人选择医养结合机构服务模式受到不同个体差异的影响，因此分析和研究影响老年人医养结合机构选择意愿的影响因素，有利于聚焦和探究医养结合机构服务模式的规律和问题。

针对老年人医养结合机构选择的影响因素，诸多研究做过相应探讨，研究方法主要基于 logistic 模型对因变量为多分类变量的情形进行探究。本章节首先对青岛市医养结合服务进行文献计量研究，之后通过调查青岛市 7 个市辖区及入住机构老年人的基本情况，分析影响老年人选择医养结合机构偏好的相关因素，为进一步完善医养结合机构照护服务的供给与提升服务质量提供参考依据。

3.1 样本地区医养结合服务研究的文献计量分析

鉴于以全国为视角的医养结合服务模式与供需状况的文献涉及内容较多，研究方向比较宽泛，很难提取和分析具有代表性的医养结合模式及服务的供给与需求情况。因此本节内容主要聚焦于山东省青岛市，以青岛市作为样本地区对医养结合机构服务模式的选择与供需状况进行研究，并对青岛市医养结合服务模式和供需状况研究的文献进行计量分析与综述。

为分析和探讨青岛市医养结合机构服务模式、供需状况及发展前景，本研究基于文献计量方法。鉴于专门研究青岛市医养结合服务模式与供需的英文文献极少，本研究主要通过中国知网和万方数据知识服务平台进行文献检索，由于"医养结合"及相关概念于 2013 年正式提出，故设定检索年限为：2013 年 1 月至 2019 年 3 月。检索关键词分别是：①青岛或青岛市；②医养结合或医养；③模式选择或养老模式或服务模式；④机构养老；⑤供需状况或供需。检索策略分别是："①＋②""①＋③""①＋④""①＋②＋③""①＋②＋⑤""①＋②＋③＋⑤"。均使用"主题词"进行精确搜索，检索文献的纳入标准：①关于青岛市医养结合服务模式的研究；②关于青岛市医养结合服务供需状况的研究；③针对青岛市医养结合及相关的对策研究。排除标准：①不是聚焦青岛市医养结合的文章；②文章内容明显与纳入标准不符的；③文章是报纸或者会议等题材的内容；④关于医养结合房地产开发等内容的文章。检索并筛选后发现，2013 年 1 月至 2019 年 3 月期间，国内发表关于青岛市医养结合相关文献共计 138 篇。

3.1.1 青岛市医养结合研究分布情况

以"青岛＋医养结合"为主题词，进行文献计量学分析❶，共计检索文献 32 篇，其中按资源类型来看，期刊 25 篇（78.1%）、硕士论文 6 篇（18.8%）、博士论文 1 篇（3.1%）；按学科分布来看，医药卫生科技论文 24 篇（35.3%）、社会科学 I 辑 18 篇（26.5%）、其他 22 篇（32.4%）；从基金分布来看，有基金项目资助的文章较少，国家自然科学基金 1 篇（3.1%）、国家科技支撑计划 1 篇（3.1%），其他 30 篇（93.8%）。青岛市医养结合研究文献总体趋势分析和计量学分析见图 3-1、图 3-2。

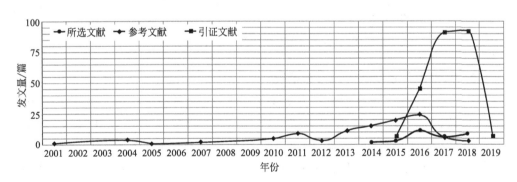

图 3-1　青岛市医养结合研究文献总体趋势分析

---

❶ 在文献计量分析当中，部分百分比之和不等于 100% 主要是因为设置了"排除标准"：（1）不是聚焦青岛市医养结合的文章；（2）文章内容明显与纳入标准不符的；（3）文章是报纸或者会议等题材的内容；（4）关于医养结合房地产开发等内容的文章。CNKI 提供的图示已经排除此类文章，但图例的百分比仍然包括该类文章，故百分比之和要小于 100%，下同。

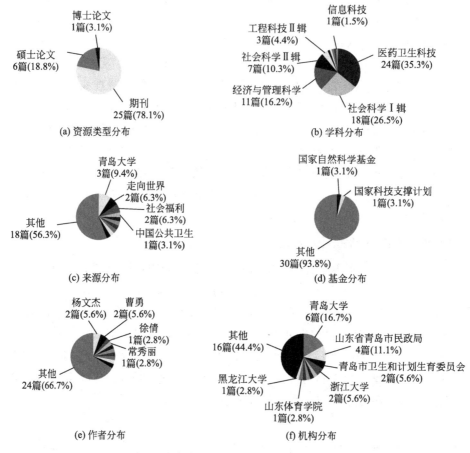

图 3-2 青岛市医养结合研究文献计量学分析

3.1.2 青岛市养老模式研究分布情况

以"青岛+养老模式"为关键词，进行文献计量学分析，共计检索文献 66 篇，其中按资源类型来看，期刊 37 篇（56.1%）、硕士论文 27 篇（40.9%）、博士论文 2 篇（3.0%）；按学科分布来看，社会科学 I 辑 42 篇（37.2%）、医药卫生科技论文 26 篇（23.0%）、其他 40 篇（35.4%）；从基金分布来看，有基金项目资助的文章较少，国家自然科学基金 1 篇（1.5%）、国家科技支撑计划 1 篇（1.5%），其他 64 篇（97.0%）。青岛市养老模式研究文献总体趋势分析和计量学分析见图 3-3、图 3-4。

3.1.3 青岛市机构养老研究分布情况

以"青岛+机构养老"为关键词，进行文献计量学分析，共计检索文献 34 篇，其中按资源类型来看，硕士论文 20 篇（58.8%）、期刊 13 篇（38.2%）、博士论文 1 篇（2.9%）；按学科分布来看，社会科学 I 辑 26 篇

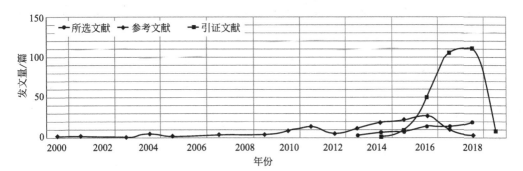

图 3-3　青岛市养老模式研究文献总体趋势分析

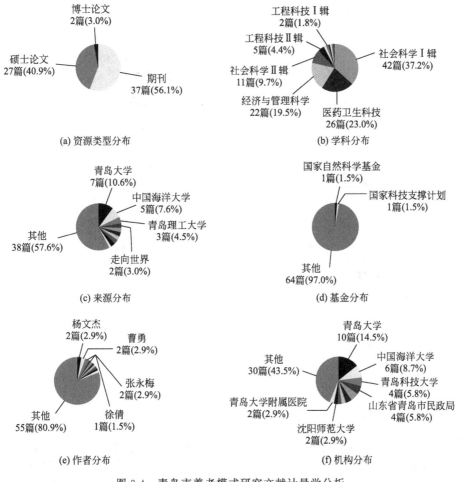

(a) 资源类型分布

(b) 学科分布

(c) 来源分布

(d) 基金分布

(e) 作者分布

(f) 机构分布

图 3-4　青岛市养老模式研究文献计量学分析

(52.0%)、经济与管理科学和医药卫生科技各 8 篇（32.0%）、其他 7 篇（14.0%）；从基金分布来看，国家科技支撑计划 1 篇（2.9%），其他 33 篇

（97.1％）。青岛市机构养老研究文献总体趋势分析和计量学分析见图 3-5、图 3-6。

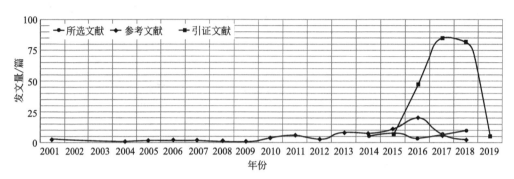

图 3-5　青岛市机构养老研究文献总体趋势分析

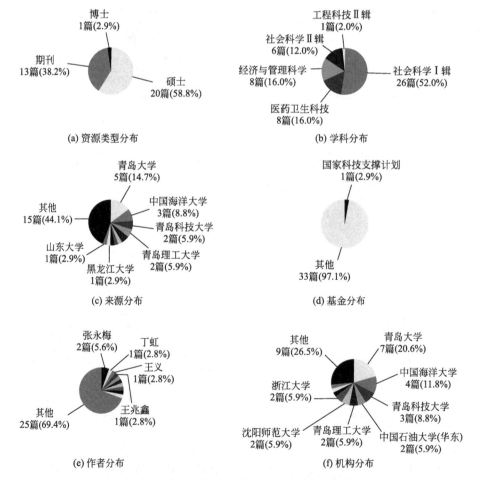

(a) 资源类型分布

(b) 学科分布

(c) 来源分布

(d) 基金分布

(e) 作者分布

(f) 机构分布

图 3-6　青岛市机构养老研究文献计量学分析

3.1.4 青岛市医养结合服务模式及供需状况研究分布情况

以"青岛＋医养结合＋服务模式""青岛＋医养结合＋供需""青岛＋医养结合＋服务模式＋供需"为关键词，进行文献计量学分析，共计检索文献6篇，其中按资源类型来看，硕士论文4篇（66.7%）、期刊2篇（33.3%）；按学科分布来看，医药卫生科技论文4篇（44.4%）、社会科学Ⅰ辑3篇（33.3%）、其他2篇（22.2%）；从基金分布来看，无基金项目资助的文章。青岛市医养结合服务模式及供需状况研究文献总体趋势分析和计量学分析见图3-7、图3-8。

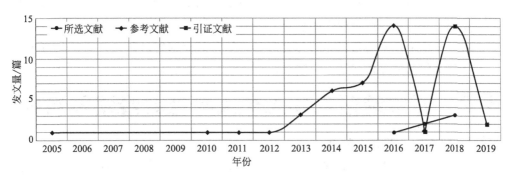

图 3-7　青岛市医养结合服务模式及供需状况研究文献总体趋势分析

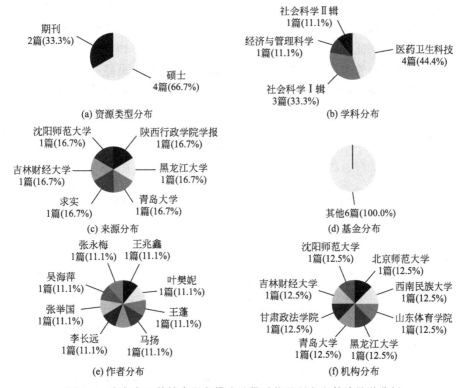

图 3-8　青岛市医养结合服务模式及供需状况研究文献计量学分析

通过对青岛市医养结合服务模式及供需状况文献研究发现，研究学科交叉与融合性较强，包括人口学、管理学、社会学、经济学、卫生政策、人力资源等多学科领域的融合交叉。从医养结合服务模式分布情况来看，经过2013 年医养结合概念的提出与酝酿，从 2015 年开始，对于青岛市医养结合模式的研究热度逐渐提升，文献研究的广度和深度也逐渐延伸。这也与自 2015年开始国家和地方开始密集出台医养结合的相关文件，从顶层设计上逐步重视健康老龄化背景下医养结合事业的发展密切相关。从医养结合研究类型上看，多聚焦于医养结合模式的介绍、问题研究以及老年人现况的调查研究，但基于医养结合服务模式的选择、供需状况及其对策研究的文章极少。基于此，本研究以青岛市医养结合机构及老年人群为调查对象，开展青岛市老年人医养结合服务模式选择、供需状况分析与对策研究。

3.2　样本地区老年人个人与社会经济学特征

3.2.1　样本地区的基本情况

目前青岛市有黄岛区、市南区、城阳区、崂山区、即墨区、李沧区和市北区共计 7 个市辖区。截至 2017 年年底，7 个市辖区人口总数为 379.2 万人，其中 60 岁及以上老年人 76.39 万人，占总人口数量的 20.15％，全市的人口老龄化程度较高。在 7 个市辖区当中，市南区的老龄化程度最高（24.64％），李沧区相对较低（16.17％）。经济状况方面，青岛市作为山东省副省级市其总体经济实力较强，2017 年市南区的人均可支配收入最高（54105 元），即墨区最低（42983 元）。2017 年青岛市各市辖区 60 周岁及以上老年人情况、抽取人员数量、抽取比例以及经济状况见表 3-1、表 3-2。

表 3-1　2017 年青岛市各市辖区 60 周岁及以上老年人情况、抽取人员数量、抽取比例

市辖区	人口总数/万人	60 周岁及以上老年人口数/万人	抽取人员数量/人	抽取比例/‰
黄岛	54.8	10.15	116	1.14
市南	54.9	13.53	270	2.00
城阳	48.6	8.92	291	3.26
崂山	26.0	4.70	167	3.55
即墨	113.4	22.94	144	0.63
李沧	31.5	5.09	373	7.32
市北	50.0	11.06	546	4.94
合计	379.2	76.39	1907	—

表 3-2　2017 年青岛市各市辖区经济状况

市辖区	地区生产总值/亿元	人均地区生产总值/万元	人均可支配收入/元①
黄岛	3212.71	21.19	46686
市南	1095.21	18.87	54105
城阳	1009.60	14.38	51423
崂山	623.13	14.31	51771
即墨	1310.61	10.79	42983
李沧	400.63	7.24	49239
市北	756.57	6.98	49818

① 参考青岛市城镇居民人均可支配收入。

3.2.2 样本地区老年人的基本情况

（1）性别　在被调查的 1907 位老年人中，男性 826 人（43.31%），女性 1081 人（56.69%），其中，非农业户籍类型男性 584 人（41.80%），女性 813 人（58.20%）；农业户籍类型男性 242 人（47.45%），女性 268 人（52.55%）。

（2）年龄　如图 3-9 所示为非农业与农业户籍老年人中 60～64 岁、65～69 岁、70～74 岁、75～79 岁、80 岁及以上各年龄组构成情况。1907 位老年人的平均年龄为 79.94±8.711 岁，80 岁及以上高龄老年人占比最大，为 57%。其中，①非农业户籍老年人平均年龄为 80.55 岁，80 岁及以上高龄老年人占比最大，为 61%；②农业户籍老年人平均年龄为 78.27 岁，80 岁及以上高龄老年人占比最大，为 48%。

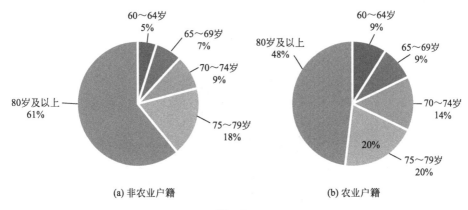

(a) 非农业户籍　　　　(b) 农业户籍

图 3-9

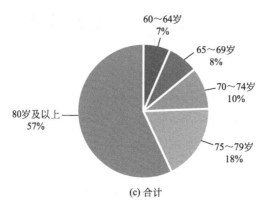

(c) 合计

图 3-9　样本地区老年人年龄构成情况

（3）受教育程度　如图 3-10 所示为样本地区老年人的受教育程度分布情况。调查显示，老年人的受教育程度以小学及以下文化程度为主，占比 51%。其中，非农业老年人学历以初中为主，占比 26%，其次是小学和高中/中专，占比分别为 22% 和 20%；农业户籍老年人学历以小学及以下为主，占比78%，其次是初中，占比为 12%。

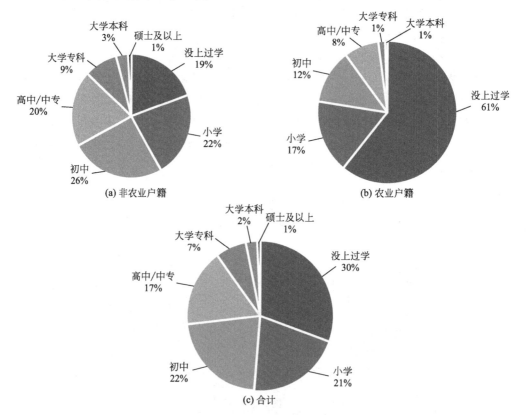

图 3-10　样本地区老年人受教育程度情况

（4）民族 1907位被调查老年人当中，绝大多数老年人为汉族，占比94.55％，其中，97.64％的非农业户籍老年人为汉族；86.08％的农业户籍老年人为汉族，见表3-3。

表3-3 样本老年人民族分布情况

民族	非农业户籍		农业户籍		合计	
	人数	构成比/％	人数	构成比/％	人数	构成比/％
汉族	1364	97.64	439	86.08	1803	94.55
回族	14	1	4	0.78	18	0.94
朝鲜族	13	0.93	67	13.14	80	4.20
其他	6	0.43	0	0	6	0.31
合计	1397	100	510	100	1907	100

（5）婚姻状况 1907位被调查老年人当中，婚姻状况为丧偶和已婚有配偶的居多，占比分别为46.46％和45.41％，其中非农业户籍老年人中以丧偶和已婚有配偶的为主，占比分别为49％和44％；农业户籍老年人以已婚有配偶和丧偶为主，占比分别为49％和40％，见图3-11。

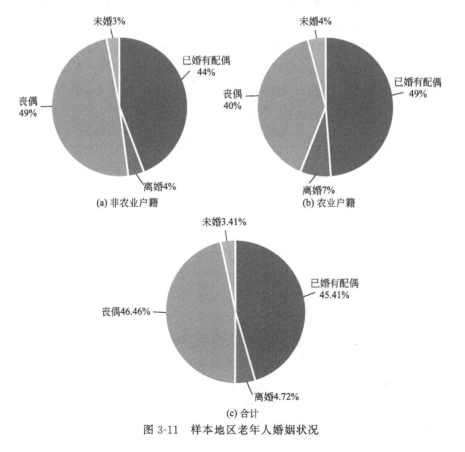

图3-11 样本地区老年人婚姻状况

（6）子女数情况　1907位被调查老年人当中，平均拥有子女数为2.31±1.291个，其中拥有2个及以上子女的占比66.12%，1个子女的占27.69%，无子女的占6.19%。非农业户籍老年人平均拥有子女数为2.25±1.227个，农业户籍老年人平均拥有子女数为2.48±1.443个，其中，非农业户籍老年人2个及以上子女、1个子女和无子女的占比分别为65.86%、29.06%和5.08%；农业户籍老年人2个及以上子女、1个子女和无子女的占比分别为66.86%、23.92%和9.22%，见表3-4。

表3-4　样本地区老年人子女数情况

子女数情况	非农业户籍		农业户籍		合计	
	人数	构成比/%	人数	构成比/%	人数	构成比/%
无子女	71	5.08	47	9.22	118	6.19
1个子女	406	29.06	122	23.92	528	27.69
2个及以上子女	920	65.86	341	66.86	1261	66.12
合计	1397	100	510	100	1907	100

（7）总体健康状况　被调查的老年人当中，健康状况为很好、好、一般、不好、很不好的老年人占比分别为13.95%、22.08%、45.73%、12.59%、5.66%，其中非农业户籍老年人很好、好、一般、不好、很不好的老年人占比分别为11.52%、20.47%、49.11%、13.31%、5.58%；农业户籍老年人很好、好、一般、不好、很不好的老年人占比分别为20.59%、26.47%、36.47%、10.59%、5.88%，见表3-5。

表3-5　样本地区老年人总体健康情况

总体健康状况	非农业户籍		农业户籍		合计	
	人数	构成比/%	人数	构成比/%	人数	构成比/%
很好	161	11.52	105	20.59	266	13.95
好	286	20.47	135	26.47	421	22.08
一般	686	49.11	186	36.47	872	45.73
不好	186	13.31	54	10.59	240	12.59
很不好	78	5.58	30	5.88	108	5.66
合计	1397	100	510	100	1907	100

（8）患病情况　被调查的老年人当中，无任何疾病、患有1种疾病、患有2种及以上疾病老年人占比分别为5.09%、57.79%、37.13%，其中，非农业户籍老年人无任何疾病、患有1种疾病、患有2种及以上疾病占比分别为3.79%、56.76%、39.44%；农业户籍老年人无任何疾病、患有1种疾病、患有2种及以上疾病占比分别为8.63%、60.59%、30.78%，见图3-12。

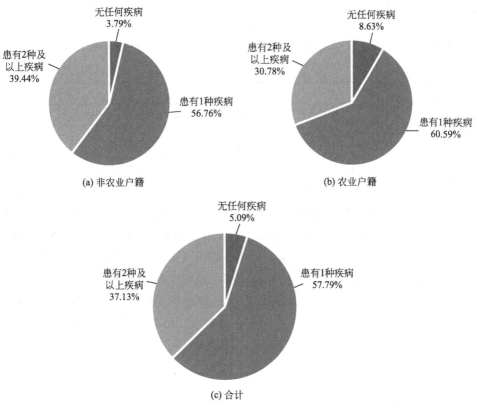

图 3-12　样本地区老年人患病情况

（9）生活自理能力　被调查的老年人的自评自理能力中，完全自理、半自理和完全不能自理老年人占比分别为 28.53%、40.17%、31.31%，其中，非农业户籍老年人完全自理、半自理和完全不能自理老年人占比分别为 28.06%、38.87%、33.07%；农业户籍老年人完全自理、半自理和完全不能自理老年人占比分别为 29.80%、43.73%、26.47%，见表 3-6。

表 3-6　样本地区老年人生活自理能力情况

生活自理能力	非农业户籍		农业户籍		合计	
	人数	构成比/%	人数	构成比/%	人数	构成比/%
完全自理	392	28.06	152	29.80	544	28.53
半自理	543	38.87	223	43.73	766	40.17
完全不能自理	462	33.07	135	26.47	597	31.31
合计	1397	100	510	100	1907	100

（10）老年人 ADL 情况　被调查的老年人的 ADL 情况，ADL 正常、ADL 下降和 ADL 障碍老年人占比分别为 7.97%、10.54%、81.49%，其中，

非农业户籍老年人 ADL 正常、ADL 下降和 ADL 障碍老年人占比分别为 8.09%、11.17%、80.74%；农业户籍老年人 ADL 正常、ADL 下降和 ADL 障碍老年人占比分别为 7.65%、8.82%、83.53%，见表 3-7。

表 3-7　样本地区老年人 ADL 情况

ADL 情况	非农业户籍		农业户籍		合计	
	人数	构成比/%	人数	构成比/%	人数	构成比/%
ADL 正常	113	8.09	39	7.65	152	7.97
ADL 下降	156	11.17	45	8.82	201	10.54
ADL 障碍	1128	80.74	426	83.53	1554	81.49
合计	1397	100	510	100	1907	100

（11）职业情况　1907 位被调查的老年人以商业/服务业/制造业等一般职工和办公室一般工作人员为主，占比分别为 33.56% 和 24.33%。其中，非农业户籍老年人以商业/服务业/制造业等一般职工和办公室一般工作人员为主，占比分别为 38.65% 和 27.63%；农业户籍老年人以农、牧、渔民和商业/服务业/制造业等一般职工为主，占比分别为 51.57% 和 19.61%，如图 3-13 所示。

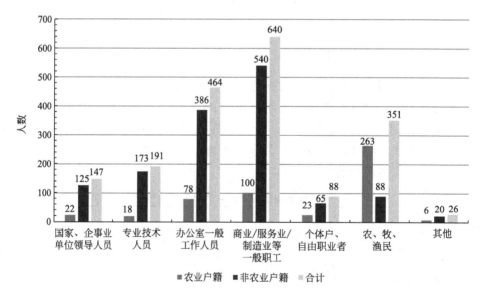

图 3-13　样本地区老年人群职业构成情况

（12）收入情况　被调查老年人的平均月收入为 4245.19 元，其中，非农业户籍老年人平均月收入为 4675.98 元，农业户籍老年人平均月收入为 3065.18 元，非农业户籍老年人平均月收入高于农业户籍老年人

$(t=-16.422，P<0.001)$，见图 3-14。

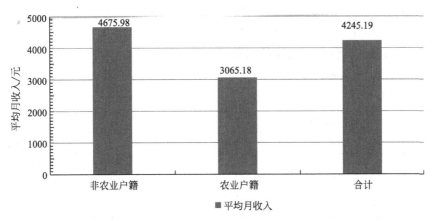

图 3-14　样本地区老年人平均月收入情况

（13）费用支出情况　被调查老年人的平均年支出的医疗费用为 12896.36 元，其中，非农业户籍老年人平均年医疗支出为 13385.05 元，农业户籍老年人平均年医疗支出为 11443.90 元。平均每月缴纳医养机构支出费用为 2589.89 元，其中，非农业户籍老年人平均月缴纳医养机构支出费用为 2632 元，非农业户籍老年人平均月缴纳医养机构支出费用为 2474.53 元，见表 3-8。

表 3-8　样本老年人费用支出情况　　　　　　　　　单位：元

费用明细	非农业户籍	农业户籍	合计
	费用支出（$\bar{x}\pm s$）	费用支出（$\bar{x}\pm s$）	费用支出（$\bar{x}\pm s$）
医疗支出费用/年	13385.05±7277.272	11443.90±9702.401	12896.36±7999.394
文化娱乐支出费用/年	321.112±193.43	374.39±180.681	350.94±189.485
人情往来支出费用/年	1445.32±1305.890	1239.47±929.385	1403.26±1324.855
给子孙辈支出费用/年	2459.380±1106.41	1627.47±1310.175	2007.21±1277.492
购买衣服等支出费用/年	619.094±411.92	485.01±331.036	585.10±472.713
食品支出费用/月	845.71±259.186	798.07±118.755	833.08±231.382
邮电通信支出费用/月	43.93±22.247	43.97±26.210	43.94±23.098
水、电、燃气支出费用/月	125.066±103.74	123.83±101.238	120.724±107.93
交通支出费用/月	134.905±96.76	82.07±54.688	122.892±93.74
购买日常生活用品支出费用/月	80.56±47.296	64.37±38.964	76.52±50.062
缴纳医养机构支出费用/月	2632.00±390.932	2474.53±390.933	2589.89±396.999

（14）经济状况　被调查老年人当中，认为自己经济状况很充足的占 12.01%，基本够用的占 38.96%，勉强够用的占 22.44%，不够用的占

19.40%，很缺乏的占 7.18%。其中，非农业户籍老年人认为很充足的占 14.17%，基本够用的占 43.38%，勉强够用的占 22.19%，不够用的占 15.60%，很缺乏的占 4.65%；农业户籍老年人认为很充足的占 6.08%，基本够用的占 26.86%，勉强够用的占 23.14%，不够用的占 29.80%，很缺乏的占 14.12%，见表 3-9。

表 3-9　样本地区老年人经济状况

经济状况	非农业户籍		农业户籍		合计	
	人数	构成比/%	人数	构成比/%	人数	构成比/%
很充足	198	14.17	31	6.08	229	12.01
基本够用	606	43.38	137	26.86	743	38.96
勉强够用	310	22.19	118	23.14	428	22.44
不够用	218	15.60	152	29.80	370	19.40
很缺乏	65	4.65	72	14.12	137	7.18
合计	1397	100	510	100	1907	100

（15）老年人选择不同类型医养结合机构情况　被调查的老年人当中，认为养中有医机构是理想的医养结合机构的占 42.32%，认为医中有养机构是理想的医养结合机构的占 20.14%，认为医养并重机构是理想的医养结合机构的占 37.55%。其中，非农业户籍老年人中，选择养中有医的占 39.80%，医中有养的占 21.12%，医养并重的占 39.08%，农业户籍老年人中，入住养中有医的占 49.22%，医中有养的占 17.45%，医养并重的占 33.33%，见表 3-10。

表 3-10　样本地区老年人理想的医养结合机构服务模式选择情况

医养结合机构服务模式	非农业户籍		农业户籍		合计	
	人数	构成比/%	人数	构成比/%	人数	构成比/%
养中有医	556	39.80	251	49.22	807	42.32
医中有养	295	21.12	89	17.45	384	20.14
医养并重	546	39.08	170	33.33	716	37.55
合计	1397	100	510	100	1907	100

3.3　老年人选择医养结合机构的影响因素分析

3.3.1　老年人选择不同类型医养结合机构的单因素分析

将自编医养结合机构老年人养老服务调查问卷的 12 个变量，包括人口学特征、家庭情况、健康状况与卫生服务利用、自理能力与日常生活状况以及社会经济状况等多个维度作为自变量，以老年人心目中最理想的医养结合机构服务模式类型作为因变量进行单因素分析。

本研究通过 χ^2 检验，结果显示，年龄、户籍类型、受教育程度、婚姻状况、子女数量、总体健康状况、患病情况、有无医保、自理能力、最担心和焦虑的问题、平均月收入对老年人选择不同医养结合机构之间的差异有统计学意义（$P < 0.05$）；性别对老年人选择不同医养结合机构服务模式之间的差异无统计学意义（$P > 0.05$），见表 3-11。

表 3-11　老年人选择不同医养结合机构的单因素分析

因素		例数	养中有医 n	医中有养 n	医养并重 n	χ^2 值	P 值
性别	男	826	346(41.89%)	159(19.25%)	321(38.86%)	1.305	0.521
	女	1081	461(42.65%)	225(20.81%)	395(36.54%)		
年龄	60~69 岁	271	99(36.53%)	72(26.59%)	100(36.90%)	22.528	**0.000**
	70~79 岁	546	206(37.73%)	127(23.26%)	213(39.01%)		
	80 岁及以上	1090	502(46.06%)	185(16.97%)	403(36.97%)		
户籍类型	农业	510	251(49.22%)	89(17.45%)	170(33.33%)	13.611	**0.001**
	非农业	1397	556(39.80%)	295(21.17%)	546(39.08%)		
受教育程度	初等教育	977	497(50.87%)	196(29.06%)	284(29.06%)	73.702	**0.000**
	中等教育	737	245(33.24%)	153(20.76%)	339(46.00%)		
	高等教育	193	65(33.68%)	35(18.13%)	93(48.19%)		
婚姻状况	已婚有配偶	866	380(43.88%)	131(15.13%)	355(41.00%)	129.033	**0.000**
	离婚	90	16(17.78%)	58(64.45%)	16(17.78%)		
	丧偶	886	376(42.44%)	181(20.43%)	329(37.13%)		
	未婚	65	35(53.85%)	14(21.54%)	16(24.62%)		
子女数量	无子女	118	63(53.39%)	30(25.42%)	25(21.19%)	24.725	**0.000**
	1 个子女	528	193(36.55%)	125(23.67%)	210(39.77%)		
	2 个及以上子女	1261	551(43.70%)	229(18.16%)	481(38.14%)		
总体健康状况	很好	266	142(53.38%)	65(24.44%)	59(22.18%)	153.124	**0.000**
	好	421	231(54.87%)	71(16.86%)	119(28.27%)		
	一般	872	353(40.48%)	126(14.45%)	393(45.07%)		
	不好	240	56(23.33%)	81(33.75%)	103(42.92%)		
	很不好	108	25(23.15%)	41(37.96%)	42(38.89%)		
患病情况	无疾病	97	55(56.70%)	33(34.02%)	9(9.28%)	103.062	**0.000**
	患有 1 种疾病	1102	376(34.12%)	255(23.14%)	471(42.74%)		
	患有 2 种及以上疾病	708	376(53.11%)	96(13.56%)	236(33.33%)		

因素		例数	养中有医 n	医中有养 n	医养并重 n	χ^2 值	P 值
有无医保	有医保	1791	720(40.20%)	379(21.16%)	692(38.64%)	55.885	0.000
	无医保	116	87(75.00%)	5(4.31%)	24(20.69%)		
自理能力	完全自理	544	240(44.12%)	142(26.10%)	162(29.78%)	111.968	0.000
	半自理	766	398(51.96%)	128(16.71%)	240(31.33%)		
	完全不能自理	597	169(28.31%)	114(19.10%)	314(52.60%)		
最担心和焦虑的问题	经济状况	132	50(37.88%)	37(28.03%)	45(34.09%)	30.694	0.001
	健康状况	1293	556(43.00%)	241(18.64%)	496(38.36%)		
	生活照护（养老问题）	340	142(41.76%)	72(21.18%)	126(37.06%)		
	家庭关系	44	22(50.00%)	9(20.45%)	13(29.55%)		
	子女或孙子女的生活	75	19(25.33%)	22(29.33%)	34(45.33%)		
	其他问题	23	18(78.26%)	3(13.04%)	2(8.70%)		
平均月收入	≤3000 元	517	250(48.36%)	101(19.54%)	166(32.11%)	18.625	0.005
	3001～3999 元	259	113(43.63%)	39(15.06%)	107(41.31%)		
	4000～4999 元	546	210(38.46%)	125(22.89%)	211(38.64%)		
	≥5000 元	585	234(40.00%)	119(20.34%)	232(39.66%)		

3.3.2 老年人选择不同类型医养结合机构的多因素分析

本研究以老年人心目中最理想的医养结合机构服务模式为因变量，以 χ^2 检验中有统计学意义的变量（年龄、户籍类型、受教育程度、婚姻状况、子女数量、总体健康状况、患病情况、有无医保、自理能力、最担心和焦虑的问题、平均月收入）为自变量，进行多元 logistic 回归分析。将"医养并重"模式作为对照组，另外两种医养结合机构服务模式（"养中有医""医中有养"）与之相比较，如表 3-12 所示。结果显示：整体模型具有显著意义（Wald $\chi^2 = 621.397$，$P < 0.001$）。

表 3-12　老年人医养结合机构选择偏好的多元 logistic 回归分析

因素		养中有医		医中有养	
		B	P 值	B	P 值
年龄（对照＝80 岁及以上）	60～69 岁	−0.047	0.818	0.331	0.154
	70～79 岁	−0.136	0.321	0.363	0.027[②]
户籍类型（对照＝非农业）	农业	−0.231	0.134	−0.570	0.003[②]

因素		养中有医		医中有养	
		B	P 值	B	P 值
受教育程度(对照＝高等教育)	初等教育	0.986	0.000③	0.905	0.000③
	中等教育	0.154	0.445	0.136	0.577
婚姻状况(对照＝未婚)	已婚有配偶	0.491	0.365	−0.268	0.668
	离婚	0.017	0.979	1.787	0.006②
	丧偶	0.572	0.291	0.145	0.816
子女数量 (对照＝2个及以上子女)	无子女	−1.395	0.001②	−0.659	0.179
	1个子女	−1.412	0.001②	−0.685	0.157
总体健康状况(对照＝很不好)	很好	0.897	0.007	−1.174	0.000③
	好	0.592	0.057	−1.424	0.000③
	一般	−0.029	0.920	−1.760	0.000③
	不好	−0.265	0.409	−0.413	0.143
患病情况 (对照＝患有2种及以上疾病)	无疾病	0.999	0.010①	1.852	0.000③
	患有1种疾病	−0.827	0.000③	0.334	0.036②
有无医保(对照＝无医保)	有医保	−0.833	0.003②	0.786	0.135
自理能力(对照＝完全不能自理)	完全自理	0.850	0.000③	1.273	0.000③
	半自理	1.139	0.000③	0.769	0.000③
最担心和焦虑的问题 (对照＝其他问题)	经济状况	−2.447	0.002②	−0.794	0.425
	健康状况	−2.265	0.004②	−1.131	0.242
	生活照护(养老问题)	−2.110	0.007②	−0.776	0.426
	家庭关系	−1.702	0.049①	−0.621	0.563
	子女或孙子女的生活	−3.084	0.000③	−0.850	0.399
平均月收入(对照＝≥5000元)	≤3000元	0.049	0.786	−0.175	0.413
	3001~3999元	−0.210	0.276	−0.795	0.001①
	4000~4999元	−0.101	0.508	−0.036	0.839

①$P<0.05$;②$P<0.01$;③$P<0.001$。

注:表中数据对照组是医养并重模式。

(1) 入住老年人与选择"养中有医"机构模式的相关因素分析 多元 logistic 回归分析结果显示:与选择"养中有医"机构模式显著相关的因素有受教育程度、子女数量、患病情况、有无医保、自理能力以及最担心和焦虑的问题。

从受教育程度看,受教育程度为初等教育的老年人比受教育程度为高等教育的老年人更愿意选择"养中有医"模式;从子女数量看,子女数量为无或1个子女的老年人比2个及以上子女的老年人更认同"医养并重"模式;

从患病情况看，无疾病的老年人比患有 2 种及以上疾病的老年人更愿意选择"养中有医"模式，患有 1 种疾病的老年人比患有 2 种及以上疾病的老年人更愿意选择"医养并重"模式；从有无医保看，有医保的老年人比无医保的老年人更愿意选择"医养并重"模式；从自理能力来看，完全自理和半自理的老年人比完全不能自理的老年人更愿意选择"养中有医"模式；从最担心和焦虑的问题看，最担心和焦虑的问题是经济状况、健康状况、生活照护（养老问题）、家庭关系以及子女或孙子女的生活问题的老年人比担心和焦虑其他问题的老年人更愿意选择"医养并重"模式。

（2）入住老年人与选择医中有养机构偏好的相关因素分析　多元 logistic 回归分析结果显示：与选择"医中有养"机构偏好显著相关的因素有年龄、户籍类型、受教育程度、婚姻状况、总体健康状况、患病情况、自理能力以及平均月收入。

从年龄看，70～79 岁的老年人比 80 岁及以上更愿意选择"医养并重"模式；从户籍类型看，农业户籍老年人比非农业户籍老年人更愿意选择"医养并重"模式；从受教育程度看，受教育程度为初等教育的老年人比受高等教育的老年人更愿意选择"医中有养"模式；从婚姻状况看，离婚的老年人比未婚的老年人更愿意选择"医中有养"模式；从总体健康状况来看，健康状况为很好、好和一般的老年人比健康状况很不好的老年人更愿意选择"医养并重"模式；从患病情况看，未患病和患有 1 种疾病的老年人比患有 2 种或 2 种以上疾病的老年人更愿意选择"医中有养"模式；从自理能力看，完全自理和半自理的老年人比完全不能自理的老年人更愿意选择"医中有养"模式；从平均月收入看，收入为中等收入比较高收入的老年人更愿意选择"医养并重"模式。

3.4　讨论与小结

随着我国老龄化进程的加速，如何减轻老年人慢性病负担、改善生命质量、提高老年人健康状况成为实现健康老龄化过程中亟待解决的问题，同时居家养老与社区养老也面临着我国传统家庭功能弱化及人口结构变化等诸多因素的影响。本次调查也表明，大部分老年人患有各种慢性病，其对医疗卫生服务需求较大，而传统的养老机构并不具备医疗护理资质，因此老年人一旦患病，需要在家庭、医院和养老机构来回奔波，这对老年人的治疗、护理与康复都是极其不利的。而医养结合机构照护模式是将专业的预防、医疗、护理服务与养老、生活照料服务融合在一起，旨在为老年人提供基本的生活照料服务的基础上，更加强调医疗护理服务的供给，从而提高老年人的生命质量并改善其健康水平，以更好地实现健康老龄化。

3.4.1　入住医养结合机构老年人的基本情况

本研究调查的入住医养结合机构老年人中，女性多于男性，年龄分布以高龄老年人（≥80 岁）居多，民族主要是汉族（94.55%），婚姻状况以丧偶的（46.46%）居多，受教育程度以小学（30.52%）及初中文化（21.97%）程度为主，老年人的子女数量在 2 个及以上的（66.12%）占多数，这显示出，入住医养结合机构老年人呈现出高龄化、受教育程度较低以及丧偶程度较高、汉族为主的特点。

入住老年人总体健康状况以感觉一般的（45.73%）居多，多患有 1 种（57.79%）或患有 2 种及以上疾病（37.13%），多数入住医养结合机构的老年人为半自理（40.17%）和完全不能自理（31.31%）老年人，多数入住老年人为 ADL 障碍（81.49%），这主要与入住医养结合机构的老年人其身体健康状况与日常生活活动能力相对较差有关。

老年人之前的职业以商业/服务业/制造业等一般职业（33.56%）和办公室一般工作人员（24.33%）居多，认为收入基本够用（38.96%）和勉强够用（22.44%）的占多数，这可能是与被调查老年人的社会经济地位较低有关。

3.4.2　老年人医养结合机构服务模式的选择倾向

本次调查的青岛市老年人群中，认为最理想的医养结合机构模式是"养中有医"的占 42.32%，"医中有养"的占 20.14%，"医养并重"的占 37.55%。其中，非农业户籍老年人中，选择"养中有医"的占 39.80%，"医中有养"的占 21.12%，"医养并重"的占 39.08%；农业户籍老年人中，入住"养中有医"的占 49.22%，"医中有养"的占 17.45%，"医养并重"的占 33.33%。

选择"养中有医"和"医养并重"模式的比较平均，"医中有养"模式的相对较少。这可能是因为老年人对目前"医中有养"机构了解还不够，"医中有养"机构人文关怀服务有待提高，也与其入住费用要高于"养中有医""医养并重"模式有关。另外，可能是因为"医养并重"模式能够充分利用现有养老与医疗资源，养老机构与医疗机构发挥各自优势，形成功能互补，医疗机构可通过定期体检对老年人进行健康评估，制订个性化的预防保健与疾病诊疗方案，建立健康档案，通过建立绿色就诊通道或专家到养老机构坐诊，为老年人提供便捷的诊疗服务。而"养中有医"模式则是因为天然的靠近老年人居住的社区/乡村，机构数量较多，能够为老年人提供日常生活照料服务和最基本的医疗服务（如卫生服务需求、精神慰藉、疾病预防康复等），加上人住费用相对低廉，因此选择该模式的老年人较多，这与刘稳等研究结果一致。

3.4.3 老年人选择不同类型医养结合机构的个人与社会经济特征有所不同

本研究通过老年人对不同医养结合机构服务模式的选择进行了无序多分类 logistic 回归，并选取了单因素分析中自变量有意义（$P<0.05$）的因素对医养结合机构模式选择进行多因素分析。logistic 回归结果表明，老年人的年龄、户籍类型、受教育程度、婚姻状况、子女情况、总体健康状况、患病情况、有无医保、自理能力、最担心和焦虑的问题、平均月收入等因素对他们选择医养结合机构服务模式影响显著。

通过将"医养并重"模式作为对照组进行多元回归分析，结果显示：与选择"养中有医"机构偏好显著相关的因素有受教育程度、子女数量、患病情况、有无医保、自理能力以及最担心和焦虑的问题；与选择"医中有养"机构偏好显著相关的因素有年龄、户籍类型、受教育程度、婚姻状况、总体健康状况、患病情况、自理能力以及平均月收入。

进一步研究发现，与"医养并重"模式相比，受教育程度低、未患病、完全自理和半自理的老年人更愿意选择"养中有医"机构；中龄老年人、受教育程度低、离婚、未患病和患有 1 种疾病、完全自理和半自理的老年人更愿意选择"医中有养"机构，这与韩杨的研究结果相一致。其中，受教育程度低、未患病以及完全自理和半自理的老年人同时偏好"养中有医"和"医中有养"机构，这与王国辉等的观点基本一致。而农业户籍、已婚有配偶、无子女和 1 个子女、健康状况较好、患有 1 种疾病、有医保、最担心和焦虑的问题为经济状况，健康状况以及生活问题的、平均月收入为中等收入的老年人更偏好"医养并重"模式。这与程亮对 11785 位老年人的随机样本的研究结果一致。可以认为，老年人对理想医养结合机构的选择更多受到个人特征和自理能力与日常生活状况等主观因素的影响，而与客观经济状况关系相对较小。

研究结果显示，与"医养并重"模式相比，老年人的健康状况和自理能力对其选择"养中有医"模式有积极作用。这可能是因为最基本的医疗和养老服务就可以满足健康状况和自理能力较好的老年人的需求，他们更加看重健康管理、日常照料、心理咨询/聊天解闷等医养结合服务需求。而养老机构内设医疗机构面向社区，对于上述需求也可以提供更为便捷的服务，这与焦开山、刘石柱、李建新等的研究结果一致。老年人的受教育水平对其选择"养中有医"模式有负向作用，这可能是因为受教育水平低的老年人往往收入水平较低，而"养中有医"模式的收费标准相对较低。另外，受教育程度较低的老年人受其思想观念的影响，更加偏好传统的社区嵌入型的"养中有医"机构。因此这类老年人更认同"养中有医"模式，这与谈志娟等的研究结果基本一致。青岛市作为国家首批医养结合试点城市，其医养结合机构服务体系比较完善，并建立了"医中有养、养中有医、医联结合、两院一体"等医养结合机构服务类型，实现了独具特色的"青岛模式"，老年人可以根据自己的健康状况、自理能力以及经济水平选择适合的医养结合机构服务模式。

研究发现，与"医养并重"模式相比，受教育程度低、离婚、未患病和患有1种疾病、完全自理和半自理的老年人更愿意选择"医中有养"机构。这可能与受教育程度较低的老年人慢性病患病率较高，离婚的老年人渴望获得更好的心理咨询等服务，半自理的老年人偏好更为专业的医疗服务有关。而未患病和完全自理的老年人则可能是更加青睐"医中有养"模式专业的医养康护服务技术，防患于未然。由上述结果可知：疾病诊治、心理咨询和康复护理等服务是这类老年人的首要需求，而"医中有养"机构拥有良好的医护人员和设备与这类老年人的需求高度契合。这也与罗梦云等对641名老年人的研究结论相同，人口学特征、健康状况和自理能力与日常生活状况对老年人选择医养结合机构服务模式的偏好产生直接影响。

4

基于SWOT–CLPV与决策树模型的老年人医养结合机构服务模式选择分析

从第 3 章的研究我们可以得出：年龄、户籍类型、受教育程度、婚姻状况、子女情况、总体健康状况、患病情况、有无医保、自理能力、最担心和焦虑的问题、平均月收入等因素对老年人选择医养结合机构服务模式的偏好影响显著。为了更科学地探究不同医养结合机构服务模式选择的决定因素，本章节基于"SWOT-CLPV"模型，从宏观视角对新旧动能转换背景下青岛市"医养结合"服务模式的建设和发展情况进行分析，探讨其优劣势、存在的问题及其影响因素，为青岛市"医养结合"服务模式构建和创新提供新的理论基础和现实依据。基于决策树模型，从微观视角以青岛市 7 个市辖区入住老年人对心目中最理想的医养结合机构服务类型的选择为研究目的，分析具有不同特征的老年人医养结合机构服务模式的选择问题，并构建老年人医养结合机构服务模式选择的决策树模型。

4.1　SWOT -CLPV 模型简述

SWOT 分析模型（又称为 TOWS 分析法、道斯矩阵）即态势分析法，20 世纪 80 年代初由美国旧金山大学的管理学教授韦里克提出，经常被用于企业战略制定、竞争对手分析等场合。而 SWOT-CLPV 方法则是基于 SWOT 分析模型扩展而成，其主要是定量分析研究对象内部的优势 S（strength）、劣势 W（weakness）分别与外部的机遇 O（opportunity）、威胁 T（threat）之间相互作用产生的抑制性 C（control）、杠杆效应 L（leverage）、问题性 P（problem）和脆弱性 V（vulnerability）。四种不同的环境及态势的 SWOT-CLPV 大战略矩阵见图 4-1。

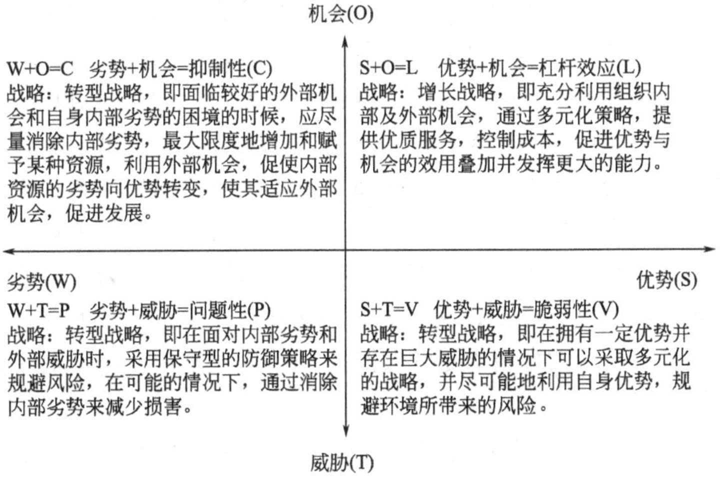

机会(O)

W+O=C　劣势+机会=抑制性(C)
战略：转型战略，即面临较好的外部机会和自身内部劣势的困境的时候，应尽量消除内部劣势，最大限度地增加和赋予某种资源，利用外部机会，促使内部资源的劣势向优势转变，使其适应外部机会，促进发展。

S+O=L　优势+机会=杠杆效应(L)
战略：增长战略，即充分利用组织内部及外部机会，通过多元化策略，提供优质服务，控制成本，促进优势与机会的效用叠加并发挥更大的能力。

劣势(W)　　　　　　　　　　　　　　　　　　　　优势(S)

W+T=P　劣势+威胁=问题性(P)
战略：转型战略，即在面对内部劣势和外部威胁时，采用保守型的防御策略来规避风险，在可能的情况下，通过消除内部劣势来减少损害。

S+T=V　优势+威胁=脆弱性(V)
战略：转型战略，即在拥有一定优势并存在巨大威胁的情况下可以采取多元化的战略，并尽可能地利用自身优势，规避环境所带来的风险。

威胁(T)

图 4-1　SWOT-CLPV 大战略矩阵

SWOT-CLPV 分析模型基于杠杆效应、抑制性、脆弱性和问题性 4 个分析维度，通过对组织所处的内外部环境进行分析和评价，确定内外部存在和可能的影响因素及变量。通过 SWOT-CLPV 分析法，利用 4 种因素之间的相互转化关系，分析各要素之间的动态变化。与传统的 SWOT 模型相比，SWOT-CLPV 模型将定性分析与定量分析相融合，能够更好地分析问题，以有利于基于问题为导向的政策的制定与实施。

4.2　青岛市"医养结合"服务模式 SWOT - CLPV 分析

目前比较典型的医养结合服务模式主要有三种：①养中有医模式；②医中有养模式；③医养并重模式。其中，养中有医模式是指养老机构开设医疗机构的模式；医中有养模式是指医疗机构开设养老机构的模式；医养并重模式是指医疗机构与养老机构合作互助的模式。

4.2.1　优势

① 青岛市老龄化程度严重，老年人对医养康护需求巨大。对于"养中有医"型医养结合服务模式，其优势在于养老机构贴近社区，对于老年人而言有一种天然的亲近感。此外，由于老年人带病生存期延长，而"养中有医"机构可以满足老年人对医养服务的多层次、多元化的刚性需求。其中比较有代表性的是青岛市福彩养老院、城阳区社会福利中心内设社区卫生服务中心等。该类医养结合机构，养老区建成运营在前，嵌入医疗在后，两类机构为同一法定代表人，养老床位占比较大，功能上养为主。

② 医养结合服务模式可以为老年人提供全方位的持续照护。对于"医中有养"型服务模式，其优势在于配备了专业的医护人员，可以提供高质量的医养康护服务。此外，通过内设的养老病床或老年病科，可以提供日常照料、康复护理、心理咨询等服务，满足老年人尤其是失能/失智、半失能老年人对整合照护服务的需求。例如，青岛市第五人民医院划出 118 张床位成立青岛市市南区老年爱心护理院，青岛市交通医院内设交运温馨护理院，青岛盐业职工医院内设盐业老年护养院等。该类机构的医疗与养老设施通常位于同一院区，医疗机构设立在前，嵌入养老功能在后，法定代表人一致，功能上以医为主。此外，山东省也有地区发挥疗养资源充足的优势，把疗养院转型为养老院。

③ 医养结合服务模式可以实现养老机构和医疗机构服务的有机融合。对于"医养并重"型服务模式，其优势在于通过养老机构与医疗机构合作，实现医养结合的合作模式多元化，该种模式下，医养结合机构可通过定期体检对老年人进行健康评估，制订个性化、多层次的健康管理与疾病诊疗

方案，通过建立电子病历和健康档案或老年病科专家到医养结合机构坐诊，为老年人提供方便、快捷、全周期、全方位以及多层次的医养结合服务。比较典型的，例如，青岛市李沧区圣德脑血管病医院同时登记为圣德老年护理院，市北区济慈脑血管病医院同时作为济慈老年公寓。该类机构多数按照医疗机构模式设置内部运作模式，该类机构医疗的特点较明显和突出。

4.2.2 劣势

① 部分医养结合机构服务能力有待提高，不能满足老年人的实际需求。就"养中有医"型服务模式而言，其提供的医养服务有限，主要是日常照料、康复护理等服务，尚不能满足老年人对疾病诊治、精神慰藉等深层次服务的需求。此外，养老护理员的业务素质水平不高和数量不足影响了医养结合机构的功能发挥，而医养结合机构的收费偏高也是制约老年人入住的重要影响因素。

② 医养结合机构呈现两极分化的情况，影响医疗服务与养老功能的发挥。对于"医中有养"型服务模式，一种类型是三级医院内部设立专门的老年病科，但由于三级医院病患数量多，经济效益好，且医院床位有限，老年病科开设专门的养老床位的动力通常不足；另一种类型是由基层医院转型为专门的老年病医院，但由于基层医院工作人员专业的医养服务水平较低以及数量不足等原因，基层医院的医养服务能力不足，影响了医疗服务与养老功能的发挥。

③ 整合医疗机构与养老机构模式，医养服务的水平和能力有待提升。由于基层医疗机构提供的医养服务设施和医养服务人员的能力和数量不足，难以为其合作的养老机构提供多层次、全方位的医疗照护。此外，由于医养结合机构内部的医护人员工作量大，而其工资与同类行业相比偏低，职称和人员晋升等方面评价方式也相对滞后，这导致医养结合机构医护人员工作积极性不足，能动性较差。

4.2.3 机会

① 政府政策的大力支持。2018年山东省人民政府出台的《山东省新旧动能转换重大工程实施规划的通知》（鲁政发〔2018〕7号）中指出：要创新医养健康服务模式，鼓励有条件的医疗机构向养老、康复、养生服务延伸，支持社会力量开办医养结合机构。作为山东省医养结合示范城市的青岛市，在2016年由市民政局、市卫健委联合出台《关于做好医养结合服务机构许可工作的通知》（青卫家庭字〔2016〕8号）明确要求"医疗机构申请养老机构设立许可，民政部门自受理申请后10个工作日内办结养老机构

设立许可证，养老机构申办内设医疗机构，卫健委在 20 个工作日内办结医疗机构许可"。规定凡符合规划条件与准入资质的，不得以任何理由加以限制。

② 老年人医养结合服务需求巨大，前景较好。伴随着我国人口老龄化形势的严峻性，老年人口对医疗、养老、康复、护理等服务的迫切需求给医养结合机构服务模式的发展提供了新的机遇。有数据显示，截至 2016 年 10 月，我国失能、半失能老年人达 4063 万，约占老年人口总数的 18.30%。而医养结合机构服务模式主要聚焦于为失能/失智以及半失能的老年人提供适当的医养服务，以"医、养、康、护、学、娱"为主要服务内容，目的是满足老年人不同层次与全方位的需求。

4.2.4 威胁

① 医养结合机构运营成本偏高，呈两极分化趋势。医养结合机构由于需要提供医疗服务和养老服务，其运营成本较高，不同规模与性质的医养结合机构在市场竞争压力下产生入住率"门可罗雀"和"门庭若市"的两极分化。公办的医养结合机构和高端的民营医养结合机构会吸引更多的经济条件较好的老年人入住，而中低端的民办医养结合机构则会出现资源匮乏、经营困难的窘境。

② 老年人思想观念尚需改变，社会认同度不高。受我国传统文化和山东儒家文化的熏陶，目前大部分老年人对于机构养老的认同度仍然不高。有调查显示：老年人选择居家养老和社区养老的比例为 89.80%，只有 10.20% 的老年人有意向选择机构养老。此外，山东省的医养结合机构服务模式也是在探索中发展的，相关的宣传工作和配套设施未能及时跟进，这也导致了老年人对医养结合机构服务模式不甚了解，社会认同度不高。

③ 外部配套设施还不完善，长期护理保险制度有待完善和创新。目前青岛市对医养结合服务模式的服务内容、评价标准、收费情况、相关政策等尚未形成统一的标准和规定，这造成了目前青岛市医养结合服务模式在发展的过程中存在着服务标准和费用不统一、评价标准不规范以及相关政策法规不到位等问题。此外，目前青岛市的长期护理保险制度正在探索和试行阶段，促使长期护理保险制度进一步完善和创新，有助于为全市医养结合服务模式提供保障和支持。

由上述 SWOT 分析我们可以发现，目前青岛市医养结合服务模式具有老年人对医养服务有巨大需求等优势；医养结合机构存在两极分化等劣势；拥有政府政策的大力支持等机会；同时存在外部配套设施不完善，长期护理保险制度有待完善和创新等威胁，见表 4-1。

表 4-1　青岛市医养结合服务模式的相关因素 SWOT 分析

因素	内容
S(优势)	①老龄化程度严重,老年人对医养康护需求巨大 ②医养结合服务模式可以为老年人提供全方位的持续照护 ③医养结合服务模式可以实现养老机构和医疗机构服务的有机融合
W(劣势)	①部分医养结合机构服务能力有待提高 ②医养结合机构呈现两极分化的情况,影响医疗服务与养老功能的发挥 ③整合医疗机构与养老机构模式,医养服务的水平和能力有待提升
O(机会)	①政府政策的大力支持 ②老年人医养结合服务需求巨大,前景较好
T(威胁)	①医养结合机构运营成本偏高,呈两极分化趋势 ②老年人思想观念尚需改变,社会认同度不高 ③外部配套设施还不完善,长期护理保险制度有待完善和创新

注:S——内部优势;W——内部劣势;O——外部机会;T——外部威胁。

4.2.5 优、劣势与机会矩阵分析

依据表 4-1,进一步对青岛市医养结合服务模式进行评价研究。从表 4-2 中可以看出,青岛市医养结合服务模式在外部环境提供机会的情况下,发挥杠杆作用的主要是优势一和优势二。同时,青岛市医养结合服务模式中存在的劣势使外部机会不能很好地发挥作用,受到较大的抑制性作用,其抑制性体现在劣势一和劣势二上。

表 4-2　优、劣势与机会矩阵分析

主要优劣势		机会		合计
		机会一	机会二	
主要优势	优势一	L	L	2L
	优势二	L	L	2L
	优势三	L	O	1L
主要劣势	劣势一	O	C	1C
	劣势二	O	C	1C
	劣势三	O	O	0C
L		3L	2L	5L
C		0C	2C	2C

注:O——外部机会;L——杠杆效应;C——抑制性。

从表 4-3 中可以看出,青岛市医养结合服务模式中的优势三在受到外部环境的威胁时比较脆弱,而青岛市医养结合服务模式中的劣势二在受到外部环境的威胁时存在较大的问题性作用。

表 4-3　优劣势与威胁矩阵分析

主要优劣势		威胁			合计
		威胁一	威胁二	威胁三	
主要优势	优势一	V	O	O	1V
	优势二	V	O	V	2V
	优势三	V	V	V	3V
主要劣势	劣势一	P	O	O	1P
	劣势二	P	O	P	2P
	劣势三	P	O	O	1P
V		3V	1V	2V	6V
P		3P	0P	1P	4P

注：O——外部机会；V——抑制性；P——问题性。

4.3　决策树方法

在机器学习中，决策树是一个预测模型，代表的是对象属性与对象值之间的一种映射关系。树中每个节点表示某个对象，每个分叉路径则代表的是某个可能的属性值，每个叶子节点则对应从根节点到叶子节点所经历的路径表示的对象值。在数据挖掘中，决策树是一种经常使用的技术，既可以用于数据分析，也可以用来进行预测。

4.3.1　决策树模型定义

决策树（decision tree）是在已知各种情况发生概率的基础上，通过构成决策树来求取净现值的期望值大于等于 0 的概率、评价项目风险、判断其可行性的决策分析方法，是直观运用概率分析的一种图解方法。

4.3.2　决策树的算法

决策树的生长过程就是将数据进行不断的分类，每次分类都要求分组之间"差异"最大，同组内的因变量尽量一致。每次分组对应一个问题，也对应一个节点。所有决策树模型的算法都基于这一原则，其区别就在于对"差异"的测量手段。生成决策树的算法主要有：CHAID 算法、CART 算法、ID_3 算法。

本研究采用 CHAID 算法，对影响老年人选择不同医养结合机构的因素进行分析，通过决策树模型，找出老年人对不同医养结合机构的选择意愿，将最有可能的影响因素划分为不同亚群的指标，界定指标的临界点，同时基于树的结构，直观地展示各种因素之间可能存在的交互作用。

4.4 研究结果

4.4.1 人口学特征对医养结合机构选择意愿的决策树模型

依据所收集的数据特点，选择 CHAID 树增长法构建决策树模型，以性别、年龄、户籍类型、婚姻状况、受教育程度、在医养结合机构居住时间为自变量，不同人口学特征的老年人对医养结合机构模式选择意愿的决策树模型见图 4-2。

从模型可以看出，老年人的婚姻状况为树的根节点，婚姻状况为丧偶、未婚以及已婚有配偶的老年人更偏好"养中有医"服务模式，需求概率分别为 43.2%、43.9%，而离婚的老年人更倾向于选择"医中有养"服务模式，需求概率为 64.4%，$P < 0.001$。

整个决策树模型包含有 3 层 15 个节点，9 个叶子节点，对应 9 个分类规则。以该决策树模型最右边的一枝为例，婚姻状况为丧偶和未婚的老年人，其选择"养中有医"服务模式的概率为 43.2%，选择"医中有养"服务模式的概率为 20.5%，选择"医养并重"服务模式的概率为 36.3%。其中，受中等或高等教育为丧偶和未婚的老年人，其选择"养中有医"服务模式的概率为 37.4%，选择"医中有养"服务模式的概率为 18.8%，选择"医养并重"服务模式的概率为 43.8%。这类老年人当中年龄为低龄（60～69 岁）和中龄的（70～79 岁），其选择"养中有医"服务模式的概率为 32.9%，选择"医中有养"服务模式的概率为 28.5%，选择"医养并重"服务模式的概率为 38.6%；高龄（80 岁及以上）老年人，其选择"养中有医"服务模式的概率为 39.8%，选择"医中有养"服务模式的概率为 13.6%，选择"医养并重"服务模式的概率为 46.6%，其他枝叶规则的解释类似。见图 4-2。

4.4.2 家庭情况对医养结合机构选择意愿的决策树模型

以老年人的子女数、与子女电话联系频次、与子女见面频次、是否愿意子女长期照护、何种居住方式最好、选择居住方式的原因为自变量，构建决策树模型。不同家庭情况的老年人对医养结合机构模式选择意愿的决策树模型见图 4-3。

从模型可以得出，树的根节点为老年人与子女的居住安排情况，按照居住方式可以分为三类：①子女在老年人入住医养机构的同一个市辖区居住；②子女在老年人入住医养机构的不同市辖区居住；③其他居住方式。

与子女在同一个区居住的老年人，选择"养中有医"服务模式的概率是 35.1%，选择"医中有养"服务模式的概率是 17.8%，选择"医养并重"服务模式的概率是 47.1%。与子女在不同区居住的老年人，选择"养中有医"

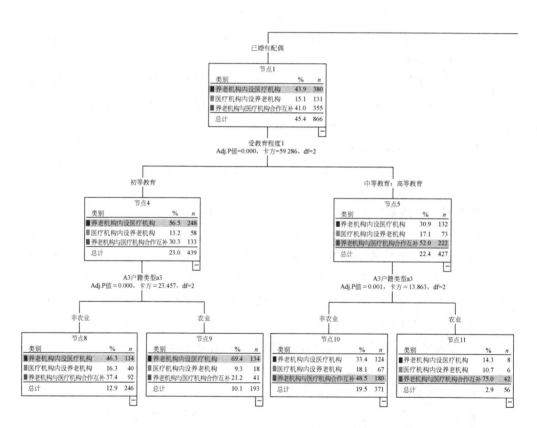

图 4-2 不同人口学特征的老年人对医养

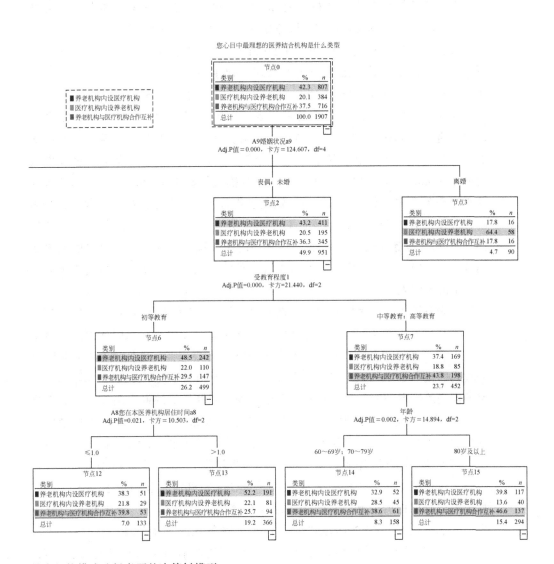

您心目中最理想的医养结合机构是什么类型

节点0

类别	%	n
■养老机构内设医疗机构	42.3	807
■医疗机构内设养老机构	20.1	384
■养老机构与医疗机构合作互补	37.5	716
总计	100.0	1907

■养老机构内设医疗机构
■医疗机构内设养老机构
■养老机构与医疗机构合作互补

A9婚姻状况a9
Adj.P值=0.000，卡方=124.607，df=4

丧偶；未婚

节点2

类别	%	n
■养老机构内设医疗机构	43.2	411
■医疗机构内设养老机构	20.5	195
■养老机构与医疗机构合作互补	36.3	345
总计	49.9	951

离婚

节点3

类别	%	n
■养老机构内设医疗机构	17.8	16
■医疗机构内设养老机构	64.4	58
■养老机构与医疗机构合作互补	17.8	16
总计	4.7	90

受教育程度1
Adj.P值=0.000，卡方=21.440，df=2

初等教育

节点6

类别	%	n
■养老机构内设医疗机构	48.5	242
■医疗机构内设养老机构	22.0	110
■养老机构与医疗机构合作互补	29.5	147
总计	26.2	499

中等教育；高等教育

节点7

类别	%	n
■养老机构内设医疗机构	37.4	169
■医疗机构内设养老机构	18.8	85
■养老机构与医疗机构合作互补	43.8	198
总计	23.7	452

A8您在本医养机构居住时间a8
Adj.P值=0.021，卡方=10.503，df=2

≤1.0

节点12

类别	%	n
■养老机构内设医疗机构	38.3	51
■医疗机构内设养老机构	21.8	29
■养老机构与医疗机构合作互补	39.8	53
总计	7.0	133

>1.0

节点13

类别	%	n
■养老机构内设医疗机构	52.2	191
■医疗机构内设养老机构	22.1	81
■养老机构与医疗机构合作互补	25.7	94
总计	19.2	366

年龄
Adj.P值=0.002，卡方=14.894，df=2

60～69岁；70～79岁

节点14

类别	%	n
■养老机构内设医疗机构	32.9	52
■医疗机构内设养老机构	28.5	45
■养老机构与医疗机构合作互补	38.6	61
总计	8.3	158

80岁及以上

节点15

类别	%	n
■养老机构内设医疗机构	39.8	117
■医疗机构内设养老机构	13.6	40
■养老机构与医疗机构合作互补	46.6	137
总计	15.4	294

结合机构模式选择意愿的决策树模型

服务模式的概率是 41.2％，选择"医中有养"服务模式的概率是 22.3％，选择"医养并重"服务模式的概率是 36.5％。选择其他居住方式的老年人，选择"养中有医"服务模式的概率是 63.4％，选择"医中有养"服务模式的概率是 7.7％，选择"医养并重"服务模式的概率是 29.0％，$P < 0.001$。

其他节点还包括选择这种居住安排的主要原因、老年人多长时间和子女联系一次、老年人是否愿意与子女长期一起生活、老年人的子女情况。整个决策树模型包含 3 层 13 个节点，7 个叶子节点，对应 7 条分类规则。

对于与子女在不同区居住的老年人，老年人多长时间与子女电话联系一次是其选择不同医养结合机构的影响因素。其中，一周左右、半个月左右或者一个月以上与子女电话联系一次的老年人，其选择"养中有医"服务模式的概率是 40.6％，选择"医中有养"服务模式的概率是 19.8％，选择"医养并重"服务模式的概率是 39.5％。这类老年人当中，老年人的子女数量也是影响其选择医养结合机构的因素。对于子女数为 1 个及以下的老年人，其选择"养中有医"服务模式的概率是 32.4％，选择"医中有养"服务模式的概率是 24.1％，选择"医养并重"服务模式的概率是 43.6％；对于子女数为 1 个以上到 3 个的老年人，其选择"养中有医"服务模式的概率是 41.1％，选择"医中有养"服务模式的概率是 17.1％，选择"医养并重"服务模式的概率是 41.7％；对于子女数为 3 个以上到 4 个的老年人，其选择"养中有医"服务模式的概率是 56.8％，选择"医中有养"服务模式的概率是 13.6％，选择"医养并重"服务模式的概率是 29.7％；对于子女数为 4 个以上的老年人，其选择"养中有医"服务模式的概率是 37.3％，选择"医中有养"服务模式的概率是 41.2％，选择"医养并重"服务模式的概率是 21.6％。对于每天和一个月左右与子女电话联系一次的老年人，其选择"养中有医"服务模式的概率是 42.8％，选择"医中有养"服务模式的概率是 29.4％，选择"医养并重"服务模式的概率是 27.8％。这类老年人当中，是否愿意子女在医养机构一起照护也是影响其选择医养结合机构的因素。对于选择愿意的老年人，其选择"养中有医"服务模式的概率是 54.6％，选择"医中有养"服务模式的概率是 17.5％，选择"医养并重"服务模式的概率是 27.8％；对于选择不愿意和不好说的老年人，其选择"养中有医"服务模式的概率是 37.8％，选择"医中有养"服务模式的概率是 34.3％，选择"医养并重"服务模式的概率是 27.8％。

对于与子女在同一个区居住的老年人，选择与子女居住安排的原因也是其选择不同医养结合机构的影响因素。其中，认为是互相有个照应和自己不愿意同子女一起住的老年人，选择"养中有医"服务模式的概率是 32.9％，选择"医中有养"服务模式的概率是 14.9％，选择"医养并重"服务模式的概率是 52.3％。认为子女不愿意一起住或者其他原因的老年人选择"养中有

医"服务模式的概率是 47.0%，选择"医中有养"服务模式的概率是
33.3%，选择"医养并重"服务模式的概率是 19.7%。这显示出，该规则的
判别的关键点主要是老年人选择与子女居住安排的主要原因，见图 4-3。

4.4.3 健康状况与卫生服务利用对医养结合机构选择意愿的决策树模型

以老年人总体健康状况、患病情况、主要在哪里看病、是否可以承担医
疗费用、享受何种医疗保险、医疗报销是否方便为自变量，构建决策树模型。
不同健康状况的老年人对医养结合机构选择意愿的决策树模型见图 4-4。

从模型可以得出，树的根节点为老年人的总体健康状况，按照健康状况
可以分为四类：①很好；②好；③一般；④不好或很不好。健康状况很好的
老年人，选择"养中有医"服务模式的概率是 53.4%，选择"医中有养"服
务模式的概率是 24.4%，选择"医养并重"服务模式的概率是 22.2%；健康
状况好的老年人，选择"养中有医"服务模式的概率是 54.9%，选择"医中
有养"服务模式的概率是 16.9%，选择"医养并重"服务模式的概率是
28.3%；健康状况一般的老年人，选择"养中有医"服务模式的概率是
40.5%，选择"医中有养"服务模式的概率是 14.4%，选择"医养并重"服
务模式的概率是 45.1%；健康状况很不好或不好的老年人，选择"养中有医"
服务模式的概率是 23.3%，选择"医中有养"服务模式的概率是 35.1%，选
择"医养并重"服务模式的概率是 41.7%，$P < 0.001$。

其他节点还包括老年人目前享受何种医疗保障、平时在哪里看病以及老
年人的患病情况。整个决策树模型包含 3 层 16 个节点，5 个叶子节点，对应
5 条分类规则。

我们以健康状况为很不好或不好的老年人这一规则进行讨论。平时选择
在哪里看病，也是其选择医养结合机构的影响因素。其中平时在本院就医和
省级医院就医的老年人，选择"养中有医"服务模式的概率是 27.4%，选择
"医中有养"服务模式的概率是 41.5%，选择"医养并重"服务模式的概率是
31.1%。其中，不同的患病情况，选择意愿也有所不同：患有 1 种疾病的老
年人，选择"养中有医"服务模式的概率是 18.8%，"医中有养"服务模式的
概率是 52.3%，选择"医养并重"服务模式的概率是 28.9%；患有 2 种及以
上疾病的老年人，选择"养中有医"服务模式的概率是 37.2%，"医中有养"
服务模式的概率是 29.2%，选择"医养并重"服务模式的概率是 33.6%。选
择在县/市/区医院、乡镇/街道卫生院、社区卫生服务中心/站、市/地医院、
老年病医院和私人诊所的老年人，选择"养中有医"服务模式的概率是
14.0%，"医中有养"服务模式的概率是 20.6%，选择"医养并重"服务模式
的概率是 65.4%，其他枝叶规则的解释类似，见图 4-4。

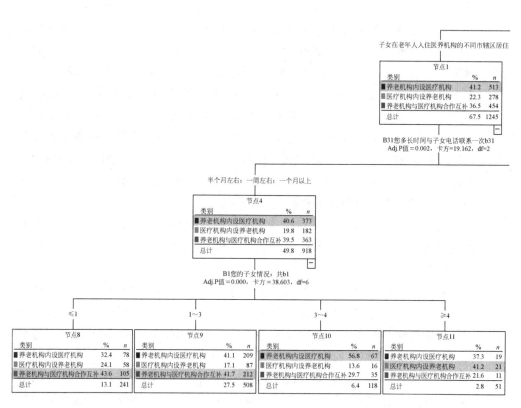

子女在老年人入住医养机构的不同市辖区居住

节点1		
类别	%	n
■养老机构内设医疗机构	41.2	513
■医疗机构内设养老机构	22.3	278
■养老机构与医疗机构合作互补	36.5	454
总计	67.5	1245

B31您多长时间与子女电话联系一次b31
Adj.P值＝0.002，卡方＝19.162，df=2

半个月左右；一周左右；一个月以上

节点4		
类别	%	n
■养老机构内设医疗机构	40.6	373
■医疗机构内设养老机构	19.8	182
■养老机构与医疗机构合作互补	39.5	363
总计	49.8	918

B1您的子女情况：共b1
Adj.P值＝0.000，卡方＝38.603，df=6

≤1

节点8		
类别	%	n
■养老机构内设医疗机构	32.4	78
■医疗机构内设养老机构	24.1	58
■养老机构与医疗机构合作互补	43.6	105
总计	13.1	241

1～3

节点9		
类别	%	n
■养老机构内设医疗机构	41.1	209
■医疗机构内设养老机构	17.1	87
■养老机构与医疗机构合作互补	41.7	212
总计	27.5	508

3～4

节点10		
类别	%	n
■养老机构内设医疗机构	56.8	67
■医疗机构内设养老机构	13.6	16
■养老机构与医疗机构合作互补	29.7	35
总计	6.4	118

≥4

节点11		
类别	%	n
■养老机构内设医疗机构	37.3	19
■医疗机构内设养老机构	41.2	21
■养老机构与医疗机构合作互补	21.6	11
总计	2.8	51

图 4-3　不同家庭情况的老年人对医养

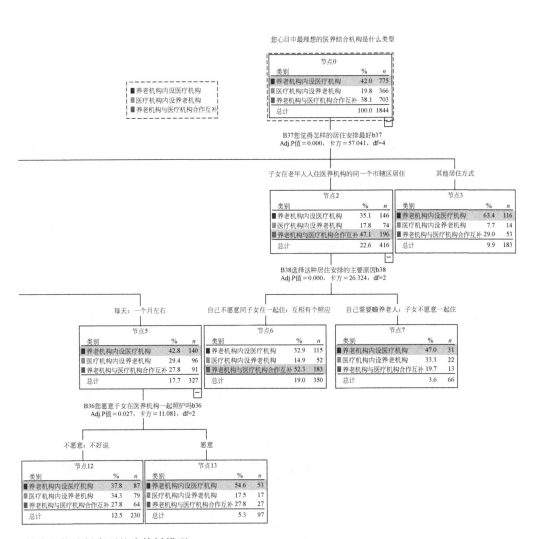

结合机构选择意愿的决策树模型

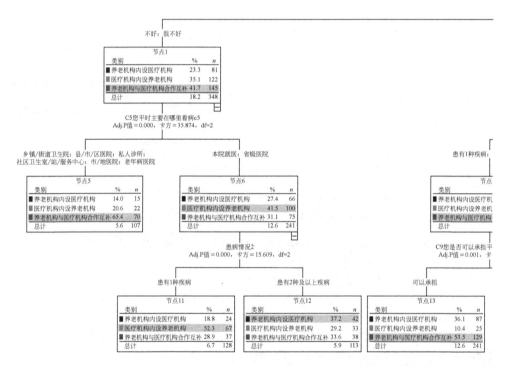

图 4-4　不同健康状况的老年人对医养

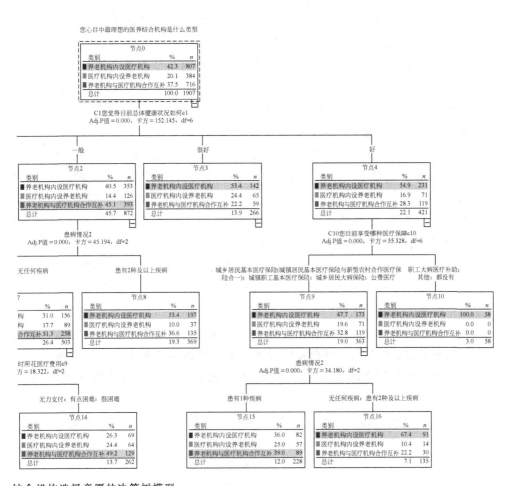

结合机构选择意愿的决策树模型

4.4.4 自理能力和日常生活状况对医养结合机构选择意愿的决策树模型

以老年人对自理能力的总体评价、老年人 ADL 得分、目前照护状况的满意度、最担心和焦虑的问题、人际关系的满意度、是否有孤独寂寞感为自变量，构建决策树模型。不同自理能力和日常生活状况的老年人对医养结合机构选择意愿的决策树模型见图 4-5。

从模型可以得出，树的根节点为老年人对自理能力的总体评价，按照自理能力可以分为三类：①完全自理；②半自理；③完全不能自理。完全自理的老年人，选择"养中有医"服务模式的概率是 44.1%，选择"医中有养"服务模式的概率是 26.1%，选择"医养并重"服务模式的概率是 29.8%；半自理的老年人，选择"养中有医"服务模式的概率是 52.0%，选择"医中有养"服务模式的概率是 16.7%，选择"医养并重"服务模式的概率是 31.3%；完全不能自理的老年人，选择"养中有医"服务模式的概率是 28.3%，选择"医中有养"服务模式的概率是 19.1%，选择"医养并重"服务模式的概率是 52.6%，$P<0.001$。

其他节点还包括老年人目前照护服务的满意度、人际关系的满意度以及目前最担心和焦虑的问题。整个决策树模型包含 3 层 15 个节点，9 个叶子节点，对应 9 条分类规则。

我们以完全不能自理的老年人这一规则进行讨论。老年人对自己人际关系的满意度，也是其选择医养结合机构的影响因素。其中对人际关系感到一般、满意和不满意的老年人，选择"养中有医"服务模式的概率是 23.3%，选择"医中有养"服务模式的概率是 21.4%，选择"医养并重"服务模式的概率是 55.3%。其中，不同的照护服务的满意度其选择医养结合机构模式也有所不同。照护服务非常满意和不满意的老年人，选择"养中有医"服务模式的概率是 27.0%，"医中有养"服务模式的概率是 25.7%，选择"医养并重"服务模式的概率是 47.3%；照护服务满意和一般的老年人，选择"养中有医"服务模式的概率是 19.9%，"医中有养"服务模式的概率是 17.4%，选择"医养并重"服务模式的概率是 62.7%。对自己的人际关系感到非常满意和非常不满意的老年人，选择"养中有医"服务模式的概率是 45.5%，"医中有养"服务模式的概率是 11.2%，选择"医养并重"服务模式的概率是 43.3%，其他枝叶规则的解释类似。由此可知，该决策树的判别关键点首先是老年人目前的自理能力状况，然后是老年人对目前照护状况的满意度、对自己人际关系的满意度，最后是老年人最担心和焦虑的问题。因此提示我们，在考虑老年人的自理能力和日常生活状况对医养结合机构服务模式选择意愿时，首先应该考虑老年人目前的自理能力状况，除此之外，还应该考虑老年人目前照护状况的满意度以及对自己人际关系的满意度，最后还要考虑老年人最担心和焦虑的问题，这些因素都会影响老年人对医养结合机构服务模式的选择类型，见图4-5。

4.4.5 社会经济状况对医养结合机构选择意愿的决策树模型

以老年人之前的职业、经济状况、平均月收入水平，构建决策树模型。不同社会经济状况的老年人对医养结合机构选择意愿的决策树模型见图4-6。

从模型可以得出，树的根节点为老年人之前的职业，按照职业可以分为四类：①个体户、自由职业者；②一般职工、专业技术人员、国家和企事业单位领导人员；③农、牧、渔民与其他人员；④办公室一般工作人员。职业为个体户、自由职业者的老年人，选择"养中有医"服务模式的概率是22.7%，选择"医中有养"服务模式的概率是20.5%，选择"医养并重"服务模式的概率是56.8%；职业为一般职工、专业技术人员、国家和企事业单位领导人员的老年人选择"养中有医"服务模式的概率是37.2%，选择"医中有养"服务模式的概率是23.6%，选择"医养并重"服务模式的概率是39.2%；职业为农、牧、渔民与其他人员的老年人选择"养中有医"服务模式的概率是54.9%，选择"医中有养"服务模式的概率是15.6%，选择"医养并重"服务模式的概率是29.4%；职业为办公室一般工作人员的老年人选择"养中有医"服务模式的概率是46.6%，选择"医中有养"服务模式的概率是16.4%，选择"医养并重"服务模式的概率是37.1%，$P<0.001$。

其他节点还包括老年人目前的经济状况与平均月收入情况。整个决策树模型包含3层13个节点，9个叶子节点，对应9条分类规则。

我们以之前职业为办公室一般工作人员的老年人这一规则进行讨论。老年人的经济状况，也是其选择医养结合机构的影响因素。其中，感觉自己的经济收入基本够用和很充足的老年人，选择"养中有医"服务模式的概率是54.8%，选择"医中有养"服务模式的概率是13.0%，选择"医养并重"服务模式的概率是32.1%；感觉自己的经济收入为不够用、勉强够用和很缺乏的老年人，选择"养中有医"服务模式的概率是31.5%，选择"医中有养"服务模式的概率是22.4%，选择"医养并重"服务模式的概率是46.1%。其他职业规则的解释类似。由此可知，该决策树的判别关键点首先是老年人之前的职业类型，然后就是老年人的经济状况，最后是平均月收入水平。这提示我们，在考虑老年人的社会经济状况对医养结合机构服务模式选择意愿时，首先应该考虑老年人之前的职业，除此之外，还应该考虑老年人目前自我感知的经济状况和平均月收入，这些因素都会影响老年人对医养结合机构服务模式的选择，见图4-6。

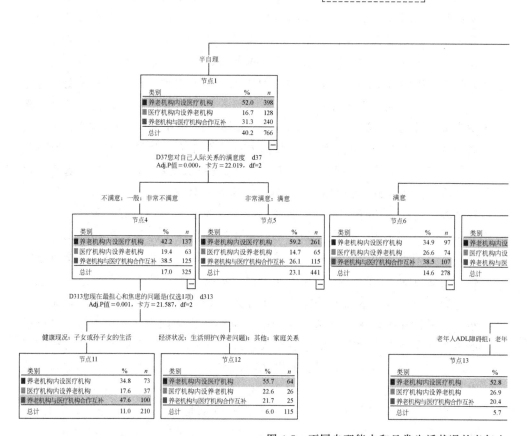

半自理

节点1

类别	%	n
养老机构内设医疗机构	52.0	398
医疗机构内设养老机构	16.7	128
养老机构与医疗机构合作互补	31.3	240
总计	40.2	766

D37您对自己人际关系的满意度 d37
Adj.P值=0.000，卡方=22.019，df=2

不满意；一般；非常不满意

节点4

类别	%	n
养老机构内设医疗机构	42.2	137
医疗机构内设养老机构	19.4	63
养老机构与医疗机构合作互补	38.5	125
总计	17.0	325

非常满意；满意

节点5

类别	%	n
养老机构内设医疗机构	59.2	261
医疗机构内设养老机构	14.7	65
养老机构与医疗机构合作互补	26.1	115
总计	23.1	441

满意

节点6

类别	%	n
养老机构内设医疗机构	34.9	97
医疗机构内设养老机构	26.6	74
养老机构与医疗机构合作互补	38.5	107
总计	14.6	278

类别	%
养老机构内设	
医疗机构内设	

D313您现在最担心和焦虑的问题是(仅选1项) d313
Adj.P值=0.001，卡方=21.587，df=2

健康现况；子女或孙子女的生活

节点11

类别	%	n
养老机构内设医疗机构	34.8	73
医疗机构内设养老机构	17.6	37
养老机构与医疗机构合作互补	47.6	100
总计	11.0	210

经济状况；生活照护(养老问题)；其他；家庭关系

节点12

类别	%	n
养老机构内设医疗机构	55.7	64
医疗机构内设养老机构	22.6	26
养老机构与医疗机构合作互补	21.7	25
总计	6.0	115

老年人ADL障碍组；老年

节点13

类别	%
养老机构内设医疗机构	52.8
医疗机构内设养老机构	26.9
养老机构与医疗机构合作互补	20.4
总计	5.7

图 4-5　不同自理能力和日常生活状况的老年人

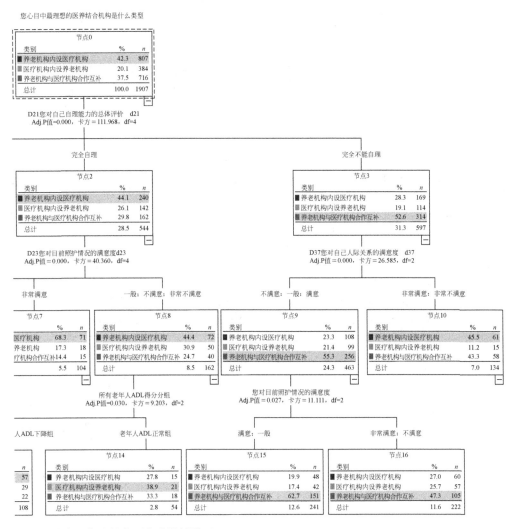

对医养结合机构选择意愿的决策树模型

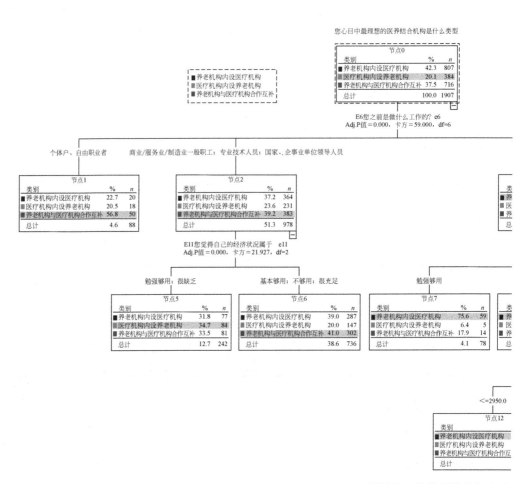

您心目中最理想的医养结合机构是什么类型

节点0		
类别	%	n
■养老机构内设医疗机构	42.3	807
■医疗机构内设养老机构	20.1	384
■养老机构与医疗机构合作互补	37.5	716
总计	100.0	1907

■养老机构内设医疗机构
□医疗机构内设养老机构
□养老机构与医疗机构合作互补

E6您之前是做什么工作的? e6
Adj.P值＝0.000，卡方＝59.000，df＝6

个体户、自由职业者

商业/服务业/制造业一般职工；专业技术人员；国家、企事业单位领导人员

节点1		
类别	%	n
■养老机构内设医疗机构	22.7	20
■医疗机构内设养老机构	20.5	18
■养老机构与医疗机构合作互补	56.8	50
总计	4.6	88

节点2		
类别	%	n
■养老机构内设医疗机构	37.2	364
■医疗机构内设养老机构	23.6	231
■养老机构与医疗机构合作互补	39.2	383
总计	51.3	978

类
■养
■医
■养
总

E11您觉得自己的经济状况属于 e11
Adj.P值＝0.000，卡方＝21.927，df＝2

勉强够用；很缺乏

基本够用；不够用；很充足

勉强够用

节点5		
类别	%	n
■养老机构内设医疗机构	31.8	77
■医疗机构内设养老机构	34.7	84
■养老机构与医疗机构合作互补	33.5	81
总计	12.7	242

节点6		
类别	%	n
■养老机构内设医疗机构	39.0	287
■医疗机构内设养老机构	20.0	147
■养老机构与医疗机构合作互补	41.0	302
总计	38.6	736

节点7		
类别	%	n
■养老机构内设医疗机构	75.6	59
■医疗机构内设养老机构	6.4	5
■养老机构与医疗机构合作互补	17.9	14
总计	4.1	78

类
■养
■医
■养
总

<=2950.0

节点12	
类别	
■养老机构内设医疗机构	
■医疗机构内设养老机构	
■养老机构与医疗机构合作互	
总计	

图 4-6　不同社会经济状况的老年人对

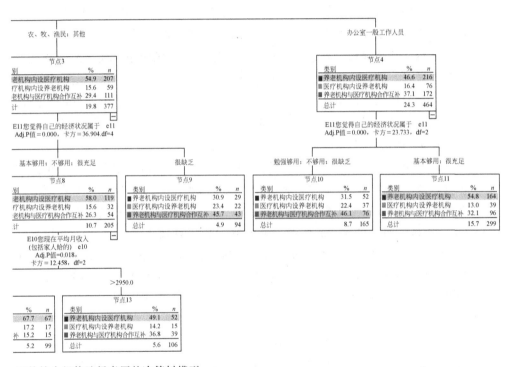

农、牧、渔民；其他   办公室一般工作人员

节点3

别	%	n
老机构内设医疗机构	54.9	207
疗机构内设养老机构	15.6	59
老机构与医疗机构合作互补	29.4	111
计	19.8	377

E11您觉得自己的经济状况属于   e11
Adj.P值=0.000，卡方=36.904.df=4

节点4

类别	%	n
■养老机构内设医疗机构	46.6	216
■医疗机构内设养老机构	16.4	76
■养老机构与医疗机构合作互补	37.1	172
总计	24.3	464

E11您觉得自己的经济状况属于   e11
Adj.P值=0.000，卡方=23.733，df=2

基本够用；不够用；很充足   很缺乏   勉强够用；不够用；很缺乏   基本够用；很充足

节点8

别	%	n
老机构内设医疗机构	58.0	119
疗机构内设养老机构	15.6	32
老机构与医疗机构合作互补	26.3	54
计	10.7	205

E10您现在平均月收入
（包括家人给的）   e10
Adj.P值=0.018，
卡方=12.458，df=2

节点9

类别	%	n
■ 养老机构内设医疗机构	30.9	29
■ 医疗机构内设养老机构	23.4	22
■ 养老机构与医疗机构合作互补	45.7	43
总计	4.9	94

节点10

类别	%	n
■ 养老机构内设医疗机构	31.5	52
■ 医疗机构内设养老机构	22.4	37
■ 养老机构与医疗机构合作互补	46.1	76
总计	8.7	165

节点11

类别	%	n
■养老机构内设医疗机构	54.8	164
■ 医疗机构内设养老机构	13.0	39
■ 养老机构与医疗机构合作互补	32.1	96
总计	15.7	299

>2950.0

节点13

	%	n
	67.7	67
	17.2	17
补	15.2	15
	5.2	99

类别	%	n
■ 养老机构内设医疗机构	49.1	52
■ 医疗机构内设养老机构	14.2	15
■ 养老机构与医疗机构合作互补	36.8	39
总计	5.6	106

医养结合机构选择意愿的决策树模型

4.5 医养结合机构服务模式选择的影响机制分析

在本章当中，我们首先从宏观上对青岛市医养结合服务模式进行了SWOT-CLPV分析。研究发现，①目前医养结合服务模式给老年人提供的"医养康护"服务数量和质量应继续优化；②医养结合机构两极分化情况严重，部分机构医养服务的水平和能力需要改善；③医养结合服务模式可以实现"医＋养"的有机融合，但存在着医养结合机构运营成本高、外部配套设施不完善的问题；④医养结合机构的医疗服务与养老功能的发挥有待提升，需要加强顶层设计，并进一步完善和创新长期护理保险制度。

之后从微观视角，以老年人对不同的医养结合机构服务模式的选择意愿作为因变量，进行决策树分析。通过分析不同特征老年人对医养结合机构服务模式的选择意愿，得到结果：老年人的婚姻状况、与子女的居住安排方式、健康状况、自理能力状况、之前的职业因素是影响老年人对不同类型医养结合机构选择意愿的主要因素。

进一步研究发现，婚姻状况为丧偶、未婚以及已婚有配偶的，与子女在不同区或其他方式居住的，健康状况为很好和好的，完全自理和半自理的以及职业为办公室一般工作人员，农、牧、渔民和其他人员的老年人更加偏好"养中有医"服务模式；离婚的，健康状况很不好或不好的老年人更加偏好"医中有养"服务模式；与子女在同一个区居住的，健康状况一般的、不好或很不好的、完全不能自理的，职业为一般职工、专业技术人员、国家和企事业单位领导人员以及个体户和自由职业者的老年人更加偏好"医养并重"服务模式。

决策树研究发现，老年人选择不同的医养结合机构服务模式，是由老年人的不同人口学特征、家庭情况、健康状况、自理能力和日常生活状况、社会经济状况等维度决定的，不同特征的老年人倾向于选择最能够满足其自身医养需求的服务模式。

因此，我们可以建立"老年人特征—医养机构模式选择—医养供需"的影响机制。老年人不同的人口学特征、家庭情况、健康状况与卫生服务利用、自理能力和日常生活状况以及社会经济状况，其医养服务需求会有所偏好和不同，具有类似特征，或者处于同一维度中，相同特征的老年人倾向于选择同一类型的医养结合机构服务模式，见图 4-7。

4.5.1 医养结合机构服务模式"SWOT-CLPV"探讨

① 目前医养结合机构服务模式为老年人提供的"医养康护"服务数量和

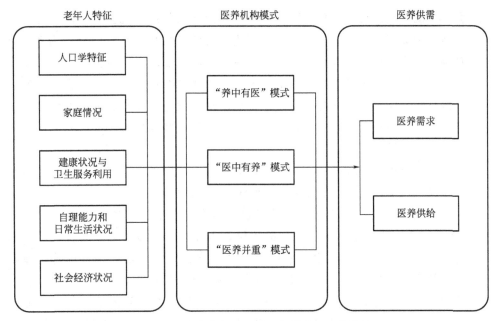

图 4-7　老年人特征、医养机构模式与医养供需

质量应继续优化。

　　从优势与机会矩阵分析结果来看，优势一和优势二在外部机会的作用下得到了进一步发展，医养结合机构服务模式的前景发展良好。但目前"医养并重"模式下，医疗机构的设施较为简单，医护人员的数量和专业技能不足，难以为合作的养老机构提供高质量的医疗服务。为此，要以医护人员队伍建设为着力点，提升人员业务技能。倡导和推进高、中职卫生类学校和技工院校推进老年医学、养老、康复、护理、营养、心理和社会工作等方面专业技术人员的培养。同时，要采取各种措施鼓励大中专院校护理及相关专业毕业生到医养结合机构从事医养服务工作，可采取新生签约后免费培养或毕业生参加工作后按入职年逐步退还学费的方式吸引涉老专业毕业生从事养老服务工作。养老机构与医疗机构要形成良性互动，功能互补，构建人才培训与进修制度，探索医养结合机构工作人员特殊津贴制度和激励措施，并切实提高医养服务人员待遇，提高工作积极性。

　　② 医养结合机构两极分化情况严重，部分机构医养服务的水平和能力需要改善。

　　从劣势与机会矩阵分析结果来看，其抑制性体现在劣势一和劣势二上。其中，在"养中有医"型服务模式下，医养结合机构的服务水平和能力有待提高，养老机构内的医护人员的数量和业务素质不能满足实际需求，影响了该类医养结合机构医疗功能的发挥；在"医中有养"型服务模式下，三级医院开设的老年病科和由基层医院转型为专门的老年病医院呈现出两极分化的态势，由此产生马太效应，不利于该类医养结合机构的良性发展。为此，要加强"养中有医"型机构医护人力资源培训，综合运用物质激励和精神激励措施，提高工作人员的业务技能和工作积极性。由基层医院转型为专门的老年病医院的医养结合机构，要提升和发挥技术优势，为养老机构提供医疗护理服务，实现资源与数据共享，充分利用各自优势与资源，形成养老服务与医疗服务的绿色通道。

③ 医养结合服务机构模式可以实现"医＋养"的有机融合，但存在着医养结合机构运营成本高、外部配套设施不完善的问题。

从优势与威胁矩阵分析结果来看，其脆弱性主要体现在优势三上。在"医养并重"服务模式下，医疗机构和养老机构可以形成功能互补，一方面可以满足老年人对医养服务的需求，另一方面也可以发挥各自优势，提高运行效率。但也出现了由于医养结合机构运营成本增加，导致机构两极分化的问题。此外，目前医养结合服务模式还存在着服务标准、内容、定价机制和政策法规等配套设施尚不明晰等问题。为此，要以探索和创新医养结合举办形式为手段，进一步丰富医养结合服务模式。所有未设医疗机构的养老机构都要与医疗卫生机构签订服务协议，探索建设医疗养老联合体或共同体，促进医养服务的信息畅通和资源共享。医养结合机构还可以通过委托管理、服务外包等形式，吸引优质的第三方医疗配送服务，并发挥医疗机构优势优化管理模式，实现"医＋养"的服务优势互补，提升医养结合服务质量。

④ 医养结合机构的医疗服务与养老功能的发挥有待提升，需要加强顶层设计，并进一步完善和创新长期护理保险制度。

从劣势与威胁矩阵分析结果来看，其问题性主要体现在劣势二上。在"医中有养"服务模式中，三级医院开设的老年病科和基层医院转型的老年病医院呈现出两极分化的态势，转型为医养结合机构的基层医院的医疗与养老服务能力有待提升。此外，医养结合服务模式在实际运营过程中还存在着规范标准不统一、纠纷处理缺乏政策依据等问题。为此，首先，在山东省实施新旧动能转换重大工程的政策背景下，应加强顶层设计，通盘整合医疗与养老资源，创新医养结合服务模式，从制度设计上对政策进行规范和完善；其次，加快全科医生培养和符合条件的医生多点执业制度，以家庭医生签约服务健康制度为抓手，着力提升基层医疗机构服务能力，通过提供全周期、个性化和多层次的医养服务与产品，满足不同层次老年人的医养需求；最后，进一步完善和创新老年人长期护理保险制度，将长护险与养老、医疗保险进行捆绑组合，通过一种强制性的手段为年老、失能/失智、半失能或伤残需要长期护理的投保人提供护理费用补偿，这有利于保障和提高老年人的生存能力与功能发挥，对其能够"老有所医、老有所养"具有重要的现实意义。

4.5.2　人口学特征对医养服务模式的选择意愿

以性别、年龄、户籍类型、婚姻状况、受教育程度、在医养结合机构居住时间等作为指标，进行决策树分析。研究发现，最重要的因素是老年人的婚姻状况，其他因素包括老年人的受教育程度、医养结合机构居住时间、年龄、户籍类型。

从模型可以看出，老年人的婚姻状况为树的根节点，婚姻状况为丧偶、未婚以及已婚有配偶的老年人更偏好"养中有医"服务模式，而离婚的老年人更倾向于选择"医中有养"服务模式。这可能与不同婚姻状况的老年人心理精神状态有关，离婚的老年人其心理精神状态往往较差，需要更专业的医疗/精神慰藉服务的干预，"医中有养"服务模式是其首选。而其他婚姻状况的老年人，更多需要日常照料、疾病诊治、健康管理等基础且可及性较好的医养服务，"养中有医"模式更符合该类老年人的需求。这显示出，婚姻状况是影响老年人选择不同医养结合机构的重要因素。其他节点还包括老年人的受教育程度、在医养结合机构居住时间、年龄、之前从事的职业和户籍类型，这与韩杨的研究结果相一致。因此这提示我们，在考虑老年人的人口学特征对医养结合机构服务模式选择意愿时，首先应考虑其婚姻状态的影响，此外还应该评估与考量老年人的受教育程度，最后还要考虑老年人在医养结合机构的居住时间、年龄、户籍类型等因素，这些因素都会影响老年人对医养结合机构服务模式的选择。

4.5.3　家庭情况对医养服务模式的选择意愿

以老年人的子女数、与子女电话联系频次、与子女见面频次、是否愿意子女一起照护、选择何种居住方式最好、选择居住方式的原因作为指标，进行决策树分析。研究显示，最重要的因素是老年人与子女的居住安排情况，其他因素包括老年人多长时间与子女联系一次、选择居住方式的原因、子女数量和老年人是否愿意与子女长期生活。

从模型可以看出，在不同家庭状况的老年人选择医养结合机构因素中，与子女的居住方式是影响选择意愿的重要因素。与子女在同一个区居住的老年人，更偏好"医养并重"模式，这可能与子女们的建议有关，这促使老年人更加重视养老与医疗的综合需求；与子女在不同区居住的老年人更加倾向于"养中有医"服务模式，这可能是因为该类老年人与子女联系不够紧密，其孤独感更强，在"养中有医"服务模式居住能够更好地满足老年人的精神慰藉等方面的生活照料服务；选择其他方式与子女居住的老年人也倾向于选择"养中有医"服务模式，这可能与老年人的传统观念有关，认为这类模式面向社区，他们更加认可传统的养老机构模式。因此提示我们，在考虑老年人的家庭情况对医养结合机构服务模式选择意愿时，首先应考虑老年人与子女的居住安排方式，另外还应该评估这样的居住安排的原因以及老年人与子女的联系频次，最后还要考虑子女数量以及老年人是否愿意与子女长期生活，这些因素都会影响老年人对医养结合机构服务模式的选择。

4.5.4 健康状况与卫生服务利用对医养服务模式的选择意愿

以老年人总体健康状况、患病情况、主要在哪里看病、是否可以承担医疗费用、享受何种医疗保险、医疗报销是否方便为指标，进行决策树模型分析。结果显示，最重要的因素是老年人的总体健康状况，其他因素包括老年人目前享受何种医疗保障、平时在哪里就医、老年人的患病情况、是否可以承担医疗费用。

研究表明，树的根节点为老年人的总体健康状况，健康状况很好和好的老年人，更偏好"养中有医"服务模式；健康状况一般的老年人，更倾向于"医养并重"服务模式；而健康状况很不好或不好的老年人，更加青睐"医中有养"和"医养并重"服务模式。这显示出，不同健康状况的老年人选择医养结合机构的意愿，总体健康状况是影响选择意愿的重要因素。

研究显示，健康状况很好和好的老年人，更偏好"养中有医"服务模式；健康状况一般的老年人，更倾向于"医养并重"服务模式；而健康状况很不好或不好的老年人，更加青睐"医中有养"和"医养并重"服务模式。这可能是因为随着老年人健康状况的变化，其医养需求也有所差别。对于健康状况较差的老年人最重要的需求是医疗需求，他们优先考虑的是医疗设施、服务和技术较好的机构，因此，"医中有养"和"医养并重"服务模式是他们的首选；而健康状况较好的老年人，主要是日常照护需求，他们更加希望在养老设施和服务完善的地方进行养老，因此，这类老年人更偏好"养中有医"服务模式，这与 Li L W、Zhang J、Liang J 等研究结果相一致。

因此提示我们，在考虑老年人的健康情况对医养结合机构服务模式选择意愿时，首先应该考虑老年人目前的总体健康状况，此外还应该考虑老年人目前享受何种医疗保障以及平时在何处就医，最后还要考虑老年人的患病情况，这些因素都会影响老年人对医养结合机构服务模式的选择。

4.5.5 自理能力和日常生活状况对医养服务模式的选择意愿

以老年人对自理能力的总体评价、老年人 ADL 得分、目前照护状况的满意度、最担心和焦虑的问题、人际关系的满意度、是否有孤独寂寞感为自变量，构建决策树模型。结果显示，最重要的影响因素是老年人目前的自理能力状况，然后是老年人对目前照护状况的满意度、对自己人际关系的满意度、老年人最担心和焦虑的问题。

研究表明，决策树的根节点为老年人目前的自理能力状况，这说明对于不同自理能力和日常生活状况老年人医养结合机构服务模式的选择意愿，自理能力的总体评价是影响选择意愿的重要因素。进一步研究表明，完全自理和半自理的老年人，更加偏好"养中有医"服务模式。这说明对于不同自理能力和日常生活状况的老年人医养结合机构的选择意愿，自理能力的总体评价是影响选择意愿的重要因素。而完全不能自理的老年人，则更加偏好"医养并重"服务模式。这可能是因为不同自理能力的老年人其医养服务需求也不尽相同，对于完全自理和半自理的老年人，其更加关注养老与日常照护需求，因此，"养中有医"服务模式成为首选；而完全不能自理的老年人，由于身体机能与功能发挥等原因，更加专业的医疗服务与照护是他们的刚需，为此，这类老年人更加偏好"医养并重"服务模式。

因此提示我们，在考虑老年人的健康情况对医养结合机构服务模式选择意愿时，首先应该考虑老年人目前的自理能力状况，除此之外，还应该考虑老年人目前照护状况的满意度以及对自己人际关系的满意度，最后还要考虑老年人最担心和焦虑的问题，这些因素都会影响老年人对医养结合机构服务模式的选择。

4.5.6 社会经济状况对医养服务模式的选择意愿

以老年人之前的职业、经济状况、平均月收入水平为自变量，构建决策树模型。结果显示，最重要的因素是老年人之前的职业，然后就是老年人的经济状况与平均月收入。

研究表明，决策树的根节点为老年人之前的职业，这说明对于不同社会经济状况的老年人医养结合机构服务模式的选择意愿，职业是影响选择意愿的重要因素。研究显示，职业为办公室一般工作人员，农、牧、渔民和其他人员的老年人更加偏好"养中有医"服务模式；职业为一般职工、专业技术人员、国家和企事业单位领导人员以及个体户和自由职业者的老年人更加偏好"医养并重"服务模式。这可能是因为农、牧、渔民的老年人受其传统观念等因素影响，更加认同"养中有医"服务模式；而职业为一般职工、专业技术人员、国家和企事业单位领导人员以及个体户和自由职业者的老年人由于养老观念较开放、愿意享受更好的医疗服务等原因倾向于选择"医养并重"服务模式，这与韩杨的研究结果相一致。

这提示我们，在考虑老年人的社会经济状况对医养结合机构服务模式选择意愿时，首先应该考虑老年人的职业背景，除此之外，还应该考虑老年人目前的经济状况和平均月收入，这些因素都会影响老年人对医养结合机构服务模式的选择。

5

老年人医养结合机构服务需求状况分析

在本章当中，主要是基于之前各章的老年人问卷调查数据，通过对老年人的人口学特征、家庭情况、健康状况与卫生服务利用、自理能力和日常生活状况、社会经济状况、医养结合机构服务情况六个维度的数据进一步分析，了解入住医养结合机构老年人对医养结合机构服务和支持内容的需求状况。比较不同人口学和社会学特征老年人对"养中有医""医中有养"以及"医养并重"机构服务模式的需求状况，并对比不同特征老年人对医养结合机构服务模式的需求差异情况。探究影响老年人医养结合机构服务需求的主要因素。

5.1 研究工具简介

青岛市老年人医养结合服务状况调查问卷由研究者自行设计，其中，医养结合服务需求状况分为 3 个类别，共 17 个条目。即：医养结合机构服务项目需求（11 个条目），是指老年人在医养结合机构接受"医、养、康、护、学、娱"等服务项目的需求；医养机构老年人团队/社团服务需求（3 个条目），是指老年人在医养结合机构所接受或参与的老年人团队/社团服务需求；医养结合服务模式需求（3 个条目），是指老年人选择"养老机构内设医疗机构""医疗机构内设养老机构""养老机构与医疗机构合作互补"这 3 种医养结合服务模式的需求。经检验：Cronbach α 值为 0.813，结构效度（KMO 值）为 0.792，问卷具有良好的信效度。

赋值方法：在医养结合服务需求得分情况的资料分析中，采用 Likert5 级评分法，将每项具体的医养服务按照需求高低进行赋分，1～5 分分别为不需要、不太需要、一般、比较需要、非常需要。并计算各类医养需求的合计得分，其中医养结合机构服务项目需求、医养机构老年人团队/社团服务需求和医养结合服务模式需求满分分别为 55、15、15 分，总分共计 85 分。

5.2 老年人医养结合服务需求状况

5.2.1 老年人医养结合服务内容与支持团队的知晓、利用与需求情况

本研究调查的医养结合服务内容主要包括医养结合服务的知晓、利用/参与情况以及需求情况，共计 15 项服务内容，包括：健康教育、健康管理、疾病诊治、生活照料、日间照料/托管、康复护理、心理咨询/聊天解闷、临终关怀、文化学习活动、体育娱乐活动、老年人服务热线、老年人协会、老年文体社团、老年医护团队、政府扶贫支持（农村）。在这 15 项内容当中，老年人对医养结合服务与支持团队知晓比例最高的是生活照料（94.86%），其次是疾病诊治（94.81%）；最低的是临终关怀（23.60%），其次是老年人文体社团（35.66%）。老年人对医养结合服务与支持团队利用/参与比例最高的是疾病诊

治（95.65%），其次是生活照料（94.91%）；最低的是临终关怀（11.01%），其次是老年人文体社团（13.21%）。老年人对医养结合服务与支持团队需求比例最高的是疾病诊治（87.68%），其次是生活照料（76.25%）；最低的是临终关怀（11.69%），其次是老年人文体社团（33.67%），见表5-1。

表 5-1 老年人医养结合服务内容与支持团队的知晓、利用与需求情况分析

医养结合服务内容	知晓频数	知晓百分数	利用/参与频数	利用/参与百分数	需求频数	需求百分数
健康教育	1612	84.53	1685	88.36	1403	73.57
健康管理	1625	85.21	1693	88.78	1408	73.83
疾病诊治	1808	94.81	1824	95.65	1672	87.68
生活照料	1809	94.86	1810	94.91	1454	76.25
日间照料/托管	1494	78.34	1549	81.23	1211	63.50
康复护理	1589	83.32	1576	82.64	1087	57.00
心理咨询/聊天解闷	1547	81.12	1558	81.70	1005	52.70
临终关怀	450	23.60	210	11.01	223	11.69
文化学习活动	1405	73.68	1371	71.89	995	52.18
体育娱乐活动	1292	67.75	1210	63.45	704	36.92
老年人服务热线	1138	59.67	1070	56.11	644	33.77
老年人协会	763	40.01	254	13.32	795	41.69
老年人文体社团	680	35.66	252	13.21	542	33.67
老年医护团队	1030	54.01	698	36.60	1123	58.89
政府扶贫支持(农村)	239	66.95	109	30.62	255	71.83

5.2.2 老年人对医养结合服务内容满意度的评价情况

本次调查对"养中有医""医中有养""医养并重"三种模式服务内容的满意度进行评价，评价内容包括：总体服务、医疗水平、收费水平和工作人员素质的满意度。结果显示，"养中有医""医中有养"服务模式的总体服务满意度相对较高，"医中有养"模式在医疗水平、收费水平及工作人员素质上较其他两种模式更占优势。总体而言，"医中有养"模式的内容和质量更受老年人的欢迎和好评，见表5-2。

表 5-2 老年人对医养结合服务内容需求的满意度

医养结合服务内容满意度	"养中有医"模式		"医中有养"模式		"医养并重"模式	
	满意度频数	满意度百分数	满意度频数	满意度百分数	满意度频数	满意度百分数
总体服务	1382	81.25	1425	80.69	1274	75.70
医疗水平	1241	73.74	1352	76.56	1140	67.47

医养结合服务内容满意度	"养中有医"模式		"医中有养"模式		"医养并重"模式	
	满意度频数	满意度百分数	满意度频数	满意度百分数	满意度频数	满意度百分数
收费水平	819	48.66	887	50.23	720	42.78
工作人员素质	913	54.25	970	54.93	855	50.80

5.2.3 老年人对医养结合服务模式的知晓、利用与需求情况

基于上述调查，本研究分析了老年人对"养中有医""医中有养""医养并重"三种模式的知晓、利用与需求情况。结果显示：老年人对"养中有医"服务模式的知晓比例最高（91.77%），对"医中有养"模式的利用/参与程度以及需求程度最高，分别为 86.89% 和 78.76%。这显示出，作为最传统的医养结合机构服务模式——"养中有医"模式最为老年人所熟悉，知晓比率也最高。入住老年人由于身体状况、自理程度、患病情况等原因，更倾向于对"医中有养"模式的需求，以便接受更为专业的医疗与养老服务照护，见表 5-3。

表 5-3　老年人对医养结合服务模式的知晓、利用与需求情况分析

医养结合服务模式	知晓频数	知晓百分数	利用/参与频数	利用/参与百分数	需求频数	需求百分数
养中有医	1750	91.77	1043	54.69	1484	77.82
医中有养	1602	84.01	1657	86.89	1502	78.76
医养并重	1612	84.53	1530	80.23	1269	66.54

5.3 老年人医养结合服务需求得分情况与影响因素分析

5.3.1 老年人医养结合服务需求得分情况分析

结果显示：医养结合服务需求总分（59.93±9.752）分。医养结合机构服务项目需求（38.37±6.911）分、医养结合机构老年人团队/社团服务需求（9.28±3.378）分、医养结合机构服务模式需求（12.28±2.139）分。其中，医养结合机构服务项目需求中得分最高的前 3 位依次是：疾病诊治服务（4.47±0.883）分、生活照料服务（4.13±0.961）分、健康管理服务（3.96±1.021）分。需求得分最低的前 3 位依次是：临终关怀服务（2.26±1.174）分、服务热线（2.79±1.304）分、体育娱乐服务（2.88±1.213）分。医养结合机构老年人团队/社团服务需求中得分最高的是医护团队服务（3.51±1.478）分；需求得分最低的是文体社团服务（2.75±

1.270）分。医养结合机构服务模式需求中得分最高的是养中有医模式（4.21±0.926）分；需求得分最低的是养老机构与医疗机构合作互补模式（3.92±1.020）分。见表5-4。

表 5-4　老年人医养结合服务需求得分

项目	均值±标准差（$\bar{x} \pm s$）
医养结合服务需求总分	59.93±9.752
医养结合机构服务项目需求得分	38.37±6.911
医养结合机构老年人团队/社团服务需求得分	9.28±3.378
医养结合机构服务模式需求得分	12.28±2.139
健康教育得分	3.91±1.069
健康管理得分	3.96±1.021
疾病诊治得分	4.47±0.883
生活照料得分	4.13±0.961
日间照料得分	3.66±1.116
康复护理得分	3.58±1.183
心理咨询得分	3.51±1.198
临终关怀得分	2.26±1.174
文化学习得分	3.22±1.181
体育娱乐得分	2.88±1.213
服务热线得分	2.79±1.304
协会需求得分	3.02±1.310
文体社团需求得分	2.75±1.270
医护团队需求得分	3.51±1.478
养中有医需求得分	4.21±0.926
医中有养需求得分	4.15±1.035
医养并重需求得分	3.92±1.020

5.3.2　老年人医养结合服务需求单因素分析

（1）不同人口学特征的老年人对医养结合服务需求的单因素分析　由表5-5可知，不同老年人的性别比较，差异无统计学意义（$P > 0.05$）；不同老年人的年龄、户籍类型、婚姻状况比较，差异均有统计学差异（$P < 0.05$）。进一步分析发现：低龄、农业户籍以及离婚的老年人，其对医养结合服务需求较高。

表 5-5　人口学特征对医养结合服务需求的单因素分析

特征	变量	人数(n)	需求得分($\overline{x}\pm s$)	t/F	P 值
性别	男	826	60.23±9.576	1.196	0.232
	女	1078	59.69±9.883		
年龄	60～69 岁	271	61.42±9.880	4.603	**0.010**
	70～79 岁	546	60.13±9.516		
	80 岁及以上	1087	59.45±9.805		
户籍类型	农业	509	60.97±10.118	7.940	**0.005**
	非农业	1395	59.55±9.591		
婚姻状况	已婚有配偶	864	61.04±10.086	11.107	**0.000**
	离婚	90	62.36±9.234		
	丧偶	885	58.73±9.276		
	未婚	65	58.02±10.013		

（2）不同家庭情况的老年人对医养结合服务需求的单因素分析　由表 5-6 可知，不同老年人的子女数量比较，差异均无统计学意义（$P>0.05$）；不同老年人与子女见面频率、子女给老年人的支持、子女是否孝顺、目前和老年人同吃同住的人员、是否愿意和子女长期一起生活比较，差异均有统计学差异（$P<0.05$）。进一步分析发现：与子女见面频率为半年左右、给老年人提供经济支持、子女孝顺、与养老护理员同吃同住以及愿意与子女长期一起生活的老年人，其对医养结合服务需求较高。

表 5-6　家庭情况对医养结合服务需求的单因素分析

特征	变量	人数(n)	需求得分($\overline{x}\pm s$)	t/F	P 值
子女数量	无子女	118	60.14±9.720	0.629	0.533
	1 个子女	528	60.30±8.980		
	2 个及以上子女	1258	59.75±10.064		
与子女见面频率	每天	164	61.70±8.583	13.569	**0.000**
	一周左右	972	60.02±9.410		
	半个月左右	418	57.42±9.870		
	一个月左右	144	61.11±10.509		
	半年左右	58	67.67±10.076		
	一年左右	20	62.90±8.735		
	一年以上	10	53.40±8.872		
子女给老年人的支持	经济支持	210	61.47±9.042	3.125	**0.025**
	生病照护	214	59.46±9.242		
	精神慰藉	168	61.05±10.820		
	上述服务综合支持	1312	59.61±9.767		

特征	变量	人数(n)	需求得分($\overline{x}\pm s$)	t/F	P 值
子女是否孝顺	孝顺	1404	60.70⊥9.503	15.941	**0.000**
	一般	320	57.15±9.862		
	不孝顺	34	56.29±11.213		
	不好说	27	54.89±11.332		
目前和老年人同吃同住的人员	自己一个人	470	60.71±9.391	8.492	**0.000**
	配偶/未婚伴侣	290	60.21±10.626		
	养老护理员	323	62.33±9.199		
	直系亲属	19	59.23±6.132		
	保姆	401	58.33±10.339		
	旁系亲属	338	57.90±8.996		
	上述人员共同照护	66	61.53±8.367		
是否愿意和子女长期一起生活	愿意	582	61.57±9.172	13.036	**0.000**
	不愿意	967	59.00±10.070		
	不好说	236	59.44±9.307		

（3）不同健康状况与卫生服务利用的老年人对医养结合服务需求的单因素分析　由表 5-7 可知，不同特征老年人的患病情况比较，差异均无统计学意义（$P>0.05$）；不同老年人的健康状况、就医地点、是否可以承担医疗费用、目前所享受的医保类型、医保报销是否方便比较，差异均有统计学差异（$P<0.05$）。进一步分析发现：健康状况很好的、平时在省级医院就诊的、可以承担医疗费用的、无医疗保险的以及认为医保报销很方便的老年人，其对医养结合服务需求较高。

表 5-7　健康状况与卫生服务利用对医养结合服务需求的单因素分析

特征	变量	人数(n)	需求得分($\overline{x}\pm s$)	t/F	P 值
健康状况	很好	266	62.52±9.284	8.270	**0.000**
	好	421	60.62±9.695		
	一般	872	58.96±9.880		
	不好	240	60.09±9.359		
	很不好	105	58.29±9.614		
患病情况	无任何疾病	97	61.73±8.339	2.198	0.111
	患有一种疾病	1101	60.00±8.836		
	患有 2 种及以上疾病	706	59.56±11.173		

特征	变量	人数(n)	需求得分($\bar{x}\pm s$)	t/F	P 值
就医地点	本院就医	1259	60.62±9.515	6.304	**0.000**
	私人诊所	53	61.57±7.597		
	社区卫生室/站/服务中心	183	56.40±10.140		
	乡镇/街道卫生院	63	58.27±9.712		
	县/市/区医院	146	60.36±9.843		
	市/地医院	113	57.42±11.698		
	省级医院	17	63.00±11.527		
	老年病医院	70	59.31±7.531		
是否可以承担医疗费用	可以承担	990	61.01±8.905	12.784	**0.000**
	有点困难	541	59.34±10.447		
	很困难	210	56.69±11.173		
	无力支付	163	59.46±9.276		
目前所享受的医保类型	城镇职工基本医疗保险	1196	59.68±9.631	10.087	**0.000**
	城乡居民基本医疗保险	427	58.55±9.640		
	城乡居民大病保险	76	61.29±7.938		
	职工大额医疗补助	18	64.33±8.858		
	公费医疗	50	60.60±8.502		
	其他	21	58.24±5.449		
	都没有	116	65.91±11.328		
医保报销是否方便	很方便	900	60.86±9.014	10.762	**0.000**
	比较方便	670	58.64±9.198		
	一般	185	56.79±11.327		
	比较不方便	22	55.95±13.193		
	很不方便	24	60.33±7.933		

（4）不同自理能力与日常生活状况的老年人对医养结合服务需求的单因素分析 由表5-8可知，不同老年人的 ADL 程度、理想医养机构服务模式比较，差异均无统计学意义（$P>0.05$）；不同老年人的照护服务的满意度、最担心和焦虑的问题、人际关系满意度以及是否有孤独寂寞感比较，差异均有统计学差异（$P<0.05$）。进一步分析发现：对照护服务非常满意的、最担心和焦虑的问题是经济和健康状况的、对人际关系感到非常满意的以及从来都不会感到孤独寂寞的老年人，其对医养结合服务需求较高。

表 5-8　自理能力与日常生活状况对医养结合服务需求的单因素分析

特征	变量	人数(n)	需求得分($\bar{x}\pm s$)	t/F	P 值
老年人的 ADL 程度	ADL 正常	152	59.95±9.192	0.636	0.529
	ADL 下降	201	59.19±10.131		
	ADL 明显障碍	1549	60.02±9.758		
目前照护服务的满意度	非常满意	748	62.02±9.093	19.815	**0.000**
	满意	670	58.74±10.238		
	一般	150	55.75±11.213		
	不满意	16	52.81±11.291		
	非常不满意	6	58.50±8.735		
最担心和焦虑的问题	经济状况	132	61.18±10.619	9.069	**0.000**
	健康状况	1290	60.49±9.000		
	生活照护(养老问题)	340	58.96±10.793		
	家庭关系	44	53.80±11.298		
	子女或孙子女的生活	75	58.53±11.885		
	其他问题	23	51.87±9.892		
人际关系满意度	非常满意	404	62.04±9.572	24.928	**0.000**
	满意	749	61.32±9.418		
	一般	610	57.92±9.086		
	不满意	119	55.56±11.598		
	非常不满意	22	53.00±10.976		
是否有孤独寂寞感	从不会感到	415	61.00±9.356	13.211	**0.000**
	偶尔感到	942	60.90±9.392		
	一般	376	58.45±9.403		
	经常感到	113	55.38±11.041		
	总是感到	28	54.18±14.366		
	不好说	30	55.37±10.601		
理想医养机构服务模式	养中有医	807	60.00±10.149	1.628	0.197
	医中有养	384	59.16±9.789		
	医养并重	713	60.26±9.253		

（5）不同社会经济状况的老年人对医养结合服务需求的单因素分析　由表 5-9 可知，不同老年人的受教育程度、之前的职业、平均月收入、之前领到过的收入以及经济状况，差异均有统计学差异（$P<0.05$）。进一步分析发现：受教育程度低的，之前职业为国家、企事业单位领导人员的，月收入水平较高的、领取过多种混合收入的以及经济状况感到很充足的老年人，其对医养

结合服务需求较高。

表 5-9 社会经济状况对医养结合服务需求的单因素分析

特征	变量	人数(n)	需求得分($\bar{x}\pm s$)	t/F	P 值
受教育程度	初等教育	975	60.84±10.200	9.009	**0.000**
	中等教育	736	58.86±8.919		
	高等教育	193	59.40±10.070		
之前的职业	国家、企事业单位领导人员	147	61.82±9.881	4.227	**0.000**
	专业技术人员	191	60.80±9.986		
	办公室一般工作人员	463	60.28±8.927		
	商业/服务业/制造业一般职工	639	58.83±9.772		
	个体户、自由职业者	88	57.67±8.322		
	农、牧、渔民	350	60.90±10.475		
	其他职业	26	57.88±11.539		
平均月收入	≤3000 元	515	59.87±10.025	10.506	**0.000**
	3001～3999 元	259	58.24±9.540		
	4000～4999 元	545	58.95±9.679		
	≥5000 元	585	61.63±9.429		
之前都领到过哪些收入	养老金/退休金	1516	59.69±9.567	4.966	**0.000**
	独生子女奖励	49	56.27±10.008		
	高龄津贴	25	58.40±10.532		
	征地补偿	28	56.54±6.957		
	农田转租收入	17	61.41±8.254		
	低保、特困补助	28	58.29±10.614		
	其他	31	61.45±10.363		
	上述混合收入	210	62.52±9.153		
经济状况	很充足	228	61.73±8.373	24.371	**0.000**
	基本够用	743	58.87±10.356		
	勉强够用	426	58.87±10.356		
	不够用	370	57.26±10.786		
	很缺乏	137	56.32±9.622		

5.3.3 老年人医养结合服务需求多因素分析

将上述单因素分析有意义的变量按照人口学特征与社会经济地位（年龄、户籍类型、受教育程度、婚姻状况、之前的职业、平均月收入、之前领到过的收入、经济状况）、健康状况与卫生服务利用（健康状况、就医地点、是否可以承担医疗费用、目前所享受的医保类型、医保报销是否方便）、日常生活状况（与子女见面频率、子女给老年人的支持、子女是否孝顺、目前和老年人同吃同住的人员、是否愿意和子女长期一起生活、照护服务满意度、最担心和焦虑的问题、人际关系满意度以及是否有孤独寂寞感）分为三类作为自变量，在进入标准 SLE＝0.05，剔除水准 SLS＝0.10 的前提下，利用多重线性回归的方法对老年人医养结合服务需求的影响因素进行分析。

回归结果显示：年龄、经济状况、平均月收入、受教育程度、之前的职业、平时在何处就医、目前照护状况的满意度、人际关系的满意度、最担心和焦虑的问题以及与子女见面频率是老年人医养结合服务需求的影响因素。进一步研究发现，低龄老年人、老年人经济状况较好、平均月收入较高、受教育程度较低、之前职业为国家或企事业单位领导人员、平时在省级医院就诊、目前照护服务的满意度较高、人际关系满意度较高、最担心和焦虑的问题是经济状况与健康问题以及平均每半年与子女见一次面的老年人对医养结合服务需求较高，见表 5-10。

表 5-10　老年人医养结合服务需求影响因素多重线性回归分析

变量	B	S.E	Beta	t	P	95％CI
常量	75.135	2.201	—	34.143	0.000①	(70.818,79.451)
年龄	−1.181	0.376	−0.083	−3.139	0.002①	(−1.919,−0.443)
经济状况	−1.734	0.268	−0.195	−6.477	0.000①	(−2.259,−1.209)
平均月收入	1.070	0.284	0.123	3.770	0.000①	(0.513,1.626)
受教育程度	−1.527	0.355	−0.104	−4.307	0.000①	(−2.222,−0.832)
之前的职业	−0.476	0.160	−0.072	−2.980	0.003①	(−0.789,−0.163)
平时在何处就医	−0.299	0.120	−0.063	−2.492	0.013①	(−0.534,−0.064)
目前照护服务的满意度	−2.065	0.353	−0.153	−5.856	0.000①	(−2.756,−1.373)
人际关系的满意度	−0.858	0.292	−0.080	−2.938	0.003①	(−1.431,−0.285)
最担心和焦虑的问题	−0.761	0.281	−0.069	−2.706	0.007①	(−1.313,−0.209)
与子女见面频率	−0.709	0.282	−0.065	−2.511	0.012①	(−1.262,−0.155)

注：R^2＝0.139，F＝6.307，P＝0.012。

① 有统计学意义，$P<0.05$。

根据回归分析结果对老年人医养结合服务需求建立的回归方程模型为：

Y＝75.135−1.181×年龄−1.734×经济状况＋1.070×平均月收入−1.527×受教育程度−0.476×之前的职业−0.299×平时在何处就医−2.065×目前照护服务的满意度−0.858×人际关系的满意度−0.761×最担心和焦虑的问题−0.709×与子女见面频率

结果提示：老年人医养结合服务需求与平均月收入呈正相关，与年龄、经济状况、受教育程度、之前的职业、平时在何处就医、目前照护服务的满意度、人际关系满意度、最担心和焦虑的问题以及与子女见面频率呈负相关。

5.3.4 老年人医养结合服务需求影响因素结构方程分析

（1）模型结构　从上述的多因素分析中，我们得出了对青岛市老年人医养结合服务需求有意义的因素（观测变量）。基于此，运用结构方程模型进一步探讨和分析各潜变量，即老年人社会经济地位、卫生服务利用与日常生活状况之间的效应以及这些潜变量对老年人医养结合服务需求是否有整体的显著影响。

基于研究目的，以下将多因素回归模型中有意义的变量投入因子分析，将提取的公因子与模型假设相结合，并在确定的潜变量下设定一些可观测变量，并形成结构方程理论模型，通过 Amos 软件的不断调适、修正与评价，构建出一个拟合度较高的模型。最终进入方程的可观测变量有：平均月收入、受教育程度、职业、经济状况、年龄、就医地点、人际关系满意度、与子女见面频率、最担心和焦虑的问题、医养结合照护服务的满意度，见图 5-1。

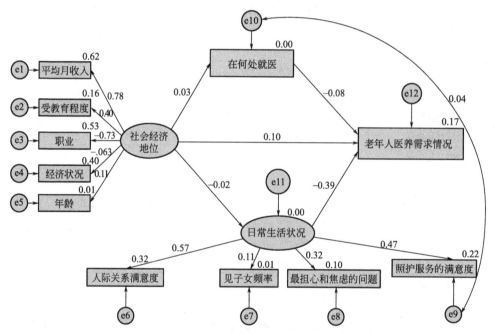

图 5-1　青岛市老年人医养结合服务需求影响因素结构方程模型

（2）模型评价　在结构方程模型拟合效果评价时，常用的指标有 P、NFI、IFI、TLI、CFI、$RMSEA$。通常而言，SEM 用 χ^2 统计量进行检验，以 $P > 0.05$ 作为模型拟合良好的标准，但由于 χ^2 统计量易受样本量大小的影响，当样本量大于 200 时，P 值很难通过检验。这种情况下可以利用增值适

配度指数 *NFI*、*IFI*、*TLI*、*CFI* 来反映，适配标准为 0.9，越趋于 1 拟合效果越好；*RMSEA* 也是一种常用的反映拟合度的指标，其值<0.05 表示拟合效果较好，一般不应超过 0.08。本研究由于样本量较大，可忽略 χ^2 检验的 *P* 值，其余各项指标均显示模型拟合度良好，见表 5-11。

表 5-11　结构方程模型拟合度主要指标及实际拟合情况

检验指标	实际值	适配标准
P	0.000	*P*>0.05
NFI	0.978	>0.90
IFI	0.991	>0.90
TLI	0.960	>0.90
CFI	0.989	>0.90
RMSEA	0.078	<0.05 优；<0.08 良好

（3）模型变量的效应分析　"个人社会经济地位"因子包括"收入""受教育程度""职业""经济状况"和"年龄"五个观测变量，其因子载荷分别为 0.78、0.40、-0.73、-0.63、0.10。日常生活状况因子包括"人际关系满意度""与子女见面频率""最担心和焦虑的问题""照护服务的满意度"四个观测变量，其因子载荷分别为 0.57、0.11、0.32、0.47。各因子载荷相对较高且 *P* 值均小于 0.001，这表明模型中各因子与其观测变量之间具有良好的收敛性。

研究显示，老年人日常生活状况与医养结合服务需求之间存在负向影响，标准化路径系数为-0.39（*P*<0.001），其中人际关系满意度对医养结合服务需求影响较大（0.57×-0.39），目前照护服务的满意度与最担心和焦虑的问题影响适中（0.47×-0.39，0.32×-0.39），与子女见面频率影响较小（0.11×-0.39）。就医地点与医养结合服务需求之间存在负相关关系，标准化路径系数为-0.08（*P*<0.001）。个人社会经济地位与在何处就医之间存在正向影响，标准化路径系数为 0.03，个人社会经济地位与日常生活状况之间存在负向影响，标准化路径系数为-0.02。同时，个人的社会经济状况对人际关系的影响为-0.02×0.57，对见子女频率的影响为-0.02×0.11，对最担心和焦虑的问题的影响为-0.02×0.32，对照护服务的影响为-0.02×0.47。但个人社会经济地位与在何处就医以及日常生活状况之间的路径系数在 0.05 的水平上缺乏显著性检验。

个人社会经济地位对医养结合服务需求的影响包括直接效应和通过在何处就医、日常生活状况的间接效应两个方面。由路径系数图可知：个人社会经济地位对医养结合服务需求有正相关的直接影响（标准化路径系数为

0.10)，另外，个人社会经济地位通过在何处就医这一中间变量对医养结合服务需求产生的间接影响为 0.03×－0.08。通过日常生活状况这一中间变量对医养结合服务需求产生的间接影响为－0.02×－0.39。因此，个人社会经济地位对医养结合服务需求的影响是直接效应和间接效应之和，为 0.106。由此可见，无论是直接效应还是总效应都是日常生活状况对老年人医养结合服务需求产生的影响最大，见表 5-12。

表 5-12　老年人医养结合服务需求结构方程模型效应分解

外源变量	直接效应	间接效应	总效应[①]
个人社会经济地位	0.100	0.006	0.106
日常生活状况	－0.388	—	－0.388
在何处就医	－0.083	—	－0.083

① 总效应值等于直接效应和间接效应之和。

5.4　讨论及总结

5.4.1　老年人医养结合服务需求与满意度评价

研究发现，入住医养结合机构的老年人最需要的医养结合服务内容依次为疾病诊治（87.68%）、生活照料（76.25%）和健康管理（73.83%），这表明老年人更加看中的是医养结合机构内设的医疗服务、疾病预防服务以及与之相配套的日间照料服务。此外，入住老年人对临终关怀服务需求最低（11.69%），这可能与我国老年人传统观念以及护理人员专业技能薄弱有关系；其次是老年人热线服务（33.77%），这可能与医养结合机构服务设施较为完善，满意度较高有关；再次是体育娱乐活动（36.92%），这可能与入住老年人身体机能较差，难以开展此类活动有关。最需要的支持团队是政府对农村的扶贫支持（71.83%），这可能是因为农村地区老年人的平均收入水平与城市地区相比较低，需要政府更多的财力支持；老年文体社团的需求最低（33.67%），这可能是与大部分医养结合机构入住老年人的身体健康状况和日常生活活动能力较差，难以参与老年文体社团活动有关。

通过对"养中有医""医中有养""医养并重"三种服务模式内容的满意度进行评价，结果显示，老年人对"养中有医""医中有养"的服务模式的总体满意度较高，通过三种医养结合机构服务模式对比，"医中有养"服务模式的内容与质量更受老年人的青睐。这可能是因为"医中有养"服务模式配置专业的医疗设施与人员，导向性更强，能够更好地满足老年人的医养需求，提供专业化和综合性的照护服务，这与刘稳等研究结果一致。

通过对"养中有医""医中有养""医养并重"三种模式的知晓、利用与需求情况进行调查，结果显示：作为最传统的医养结合机构服务模式——"养中有医"模式最为老年人所熟悉，知晓率也最高。这可能与老年人的传统观念、社会支持力度、"养中有医"模式的可及性等因素有关；而对于医养结合服务的利用与需求，入住老年人由于身体状况、自理程度、患病情况等原因，更偏好对"医中有养"服务的利用与需求，以便接受更为专业的医疗与养老服务照护。

此外，通过对医养结合服务需求情况进行评价，结果显示：医养结合服务需求总分（59.93±9.752）分。医养结合机构服务项目需求（38.37±6.911）分、医养机构老年人团队/社团服务需求（9.28±3.378）分、医养结合服务模式需求（12.28±2.139）分。总体而言，老年人对医养结合服务需求较高，这与张翔等研究结果一致。这可能与老年人的社会经济地位、健康状况与卫生服务利用情况以及日常生活状况等因素有关，由此显示：应当建立全方位、多层次的医养服务项目，有针对性地满足不同类型老年人的医养结合服务需求。

5.4.2 医养结合模式下老年人服务需求影响因素

多因素分析结果显示：年龄、经济状况、平均月收入、受教育程度、之前的职业、平时在何处就医、目前照护状况的满意度、人际关系的满意度、最担心和焦虑的问题以及与子女见面频率是老年人医养结合服务需求的影响因素。进一步研究发现，低龄老年人，老年人经济状况较好，平均月收入较高，受教育程度较低，之前职业为国家、企事业单位领导人员，平时在省级医院就诊，目前照护服务的满意度较高，人际关系满意度较高，最担心和焦虑的问题是经济状况与健康问题以及平均每半年与子女见一次面的老年人的医养结合服务需求较高。

（1）个人社会经济地位影响老年人医养结合服务需求　本次研究发现平均月收入与老年人医养结合服务需求呈正相关，而平均月收入较高（≥5000元）的老年人，其对医养结合服务需求较高。这可能是因为高收入的老年人不仅仅重视"医养康护"服务的基本需求，而且更在意精神需求项目，体现了高收入老年人医养结合服务需求的高层次性，这与黄奉毅等研究结果相一致。

年龄与医养结合服务需求呈负相关，本研究结果与蒲新微的研究结果相反，可能是因为医养结合服务不仅仅是单一的医疗与养老服务，而是"医、养、康、护、学、娱"等服务的融合，低龄老年人健康状况相对较好，他们除了基本的医养需求外，更偏好学习、娱乐等精神需求，因此其医养结合服务需求更高。

研究结果发现，对经济状况感到很充足的老年人，其对医养结合服务需求较高。这一结果与国内其他研究相一致，对经济状况感到充足的老年人，其对医养结合服务不仅仅停留在低层次的生活照料层面，更多的是对专业化的医护服务与精神服务的需求，其对具体项目的需求也体现出多样化的特点，而经济状况较差的老年人则无法花费太多的金钱在"医养康护"上，只有当老年人身体状况无法支持其日常生活的时候才会寻求医养结合服务。另外，通过马斯洛的需求层次理论分析，人总是先满足最低层次的需求才能满足高层次的需求，而良好的经济状况也是满足老年人医养结合服务需求的基础。

研究发现，教育水平与医养结合服务需求呈负相关，文化水平越低的老年人其对医养结合服务需求越高。这可能是由于文化水平低的老年人，其健康素养也相对较低，他们不能根据自己的实际需求合理地选择最适合的医养结合服务需求，致使其需求不仅仅是刚性需求，也包括弹性需求。另外，教育水平低的老年人其健康状况往往较差，也提升了老年人医养的引致需求，因此该类老年人医养结合服务需求较高。

研究还发现，之前职业为国家、企事业单位领导人员的老年人其对医养结合服务需求较高，这与李秋燕等研究结果一致。这可能是因为，职业为国家、企事业单位领导人员的老年人往往收入水平较高，他们更为关注的是医养结合服务的全方位、全周期、多层次的服务需求，因此其对医养结合服务需求较高。

（2）卫生服务利用影响老年人医养结合服务需求　研究结果显示，卫生服务利用与老年人医养结合服务需求呈现显著关联性。其中，平时在省级医院就诊的老年人对医养结合服务需求较高，在基层医疗卫生机构就诊的老年人对医养结合服务需求较低，这与张河川等研究结果相一致。这可能是因为入住医养结合机构的老年人多为失能、半失能老年人，其自理能力和身体健康状况较差，患病时往往病情比较严重，因此选择在省级医院就诊的老年人通常对专业的医养结合服务需求较高；而选择在基层医疗卫生机构就诊的老年人其身体健康状况较好，他们主要侧重于对精神服务/心理疏导方面的需求，其对"医养康护"综合服务需求相对较少。

（3）日常生活状况影响老年人医养结合服务需求　研究结果显示，最担心和焦虑的问题为经济状况和健康问题的老年人其对医养结合服务需求较高。这一研究与季红莉等研究结果基本一致，这可能是因为入住医养结合机构的老年人其健康状况较差，大部分老年人患有慢性病且依赖照顾程度高，伴随着年龄的增长，其对外界刺激反应能力下降，故健康状况较差老年人的日常照料、疾病诊疗、健康管理等医养需求较高。另有研究显示，收入水平与健康状况呈正相关关系，而对于收入水平较低的老年人，其医疗支出会在一定程度上影响必需型消费支出，而他们的医疗支出的承受能力相对较弱，机会成本也会比较高，"因病致贫""因病返贫"的情况就容易发生。这可能是因为经济状况较差的老年人其可以获取的养老与医疗资源有限，限制了其身体功能的发挥，导致他们需要更多的"医养康护"服务来维护和提高身体机能的发挥。

　　研究发现，照护服务满意度与人际关系满意度较高的老年人，其医养结合服务需求也较高。这说明照护服务的好坏是医养结合服务需求的影响因素。这显示出老年人尤其是失能、半失能老年人被养老护理员照护的日常起居生活服务较好的话，会释放老年人对专业医养结合服务内容的需求，老年人尤其对陪伴和聊天、参与聚会、社团活动等精神慰藉照护服务需求较为明显。此外，人际关系满意度较高的老年人也更加侧重于对文化学习、体育娱乐以及文体社团等休闲娱乐服务的需求，因此其对精神生活层面的医养结合服务需求较高。

　　研究结果发现，老年人与子女见面频率与其医养结合服务需求相关联，其中半年左右与子女见面的老年人的医养结合服务需求最高。另有研究显示，代际照料支持水平对医养结合需求有显著影响，这显示出老年人尤其是失能、半失能老年人如果子女不能经常去医养结合机构探视、照护老年人的日常起居生活，老年人对专业医养结合需求内容的预期将会提高。这说明子女如不能在医养结合机构经常陪伴老年人聊天、倾听交流，老年人会对精神慰藉等照护服务内容更加急迫，同时这也在一定程度上说明代际情感支持对专业性的康复护理内容的替代性较弱。在精神慰藉服务方面，老年人的家庭成员应了解和掌握老年人的心理评估、动态监测能力，通过对老年人开展有针对性的活动项目，加强与老年人的沟通交流，增强老年人的归属感、安全感。

5.4.3　个人社会经济地位、日常生活状况、平时在何处就医共同影响老年人医养结合服务需求

　　本研究通过结构方程模型分析发现，老年人在何处就医、日常生活状况对医养结合服务需求有直接影响，老年人的社会经济地位对医养结合服务需求产生直接影响，并通过在何处就医和日常生活状况对医养结合服务需求产生间接影响。在何处就医与老年人医养结合服务需求的直接效应为-0.08，日常生活状况与老年人医养结合服务需求的直接效应为-0.39，社会经济地位与老年人医养结合服务需求的直接效应为0.10，社会经济地位通过在何处就医对医养结合服务需求的间接影响为0.03×-0.08，社会经济地位通过日常生活状况对医养结合服务需求的间接影响为-0.02×-0.39。从结果看，日常生活状况是老年人医养结合服务需求最重要的影响因素，这与李晋的研

究结果类似，个人社会经济地位因素次之，平时在何处就医因素位列第三位。其中，人际关系满意度高的、照护服务满意度高的、最担心和焦虑的问题是经济状况和健康状况的以及每半年左右与子女见一次面的老年人其医养结合服务需求较高；在老年人社会经济地位因素中，平均月收入较高、经济状况较好、职业为国家或企事业单位领导人、年龄为低龄老年人以及受教育程度较低的老年人其医养结合服务需求较高；平时在省级医院就诊的老年人的医养结合服务需求也较高。

从既往研究来看，社会经济地位与医养结合服务需求之间具有一定的因果关系，社会经济地位越高的人，其医养结合服务需求越大，也就是两者呈正相关的关系。对于老年人社会经济地位与医养结合服务需求而言，两者都是综合性和多维度的概念，且社会经济地位的含义是与个人的社会状况、经济水平以及文化背景紧密联系，是教育、收入、职业、财富、居住地区、医保及户籍等因素的综合反映。既有研究显示，个体的社会经济地位，如受教育程度、工作状况、家庭收入等因素会显著影响其护理需求。有研究认为，老年人的日常生活状况，如社会参与度、居住安排及社会支持对其身体机能状况有一定影响，这体现了日常生活状况对老年人健康状况的影响，这对改善老年群体医养结合服务需求现状具有指导意义。有学者基于结构方程模型分析发现：城市老年人精神健康与长期照护需求之间呈现负相关关系，即精神健康较差的城市老年人，其往往选择在省级医院等三甲医院就医，且其长期照护需求较高。有文献指出：社会经济地位因素不仅可以直接影响个人健康状况，而且可以通过日常生活状况间接影响健康状况。研究显示，受教育程度和职业是影响生活方式与健康最重要的因素，而家庭收入对两者的影响较小。社会经济地位因素正向影响日常生活状况，日常生活状况与人群健康状况呈正相关关系，社会经济地位通过日常生活状况影响健康的间接效应在总效应中大于 0，且社会经济地位对健康的间接效应大于直接效应，即社会经济地位通过健康不平等的生活方式产生中介效应。

这些研究结果显示，政策制定者要加强医养结合服务模式的顶层设计，深化医养结合服务供给侧结构性改革，不断完善和提升医养结合服务的项目与质量，以老年人服务需求为导向，精准施策，提供全周期、全方位、多层次、多元化的医养结合服务，扩大供给，满足不同类型老年人的医养结合服务需求。老年人也应通过提升个人健康素养，维护和提高个人身体功能发挥和健康状况，理性选择所需的医养结合项目，同时避免医养结合服务的供不应求与供过于求。

5.4.4　老年人的个体特征与医养结合服务需求之间的关系

前文讨论了老年人的人口学特征、家庭情况、自理能力和日常生活状况、社会经济状况、健康状况与医养结合服务需求之间的关系。通过多因素分析发现：年龄、经济状况、平均月收入、受教育程度、之前的职业、平时在何处就医、目前照护状况的满意度、人际关系的满意度、最担心和焦虑的问题以及与子女见面频率是老年人医养结合服务需求的影响因素。

此外，本研究通过结构方程模型分析发现，老年人在何处就医、日常生活状况对医养结合服务需求有直接影响，老年人的社会经济地位对医养结合服务需求产生直接影响，并通过在何处就医和日常生活状况对医养结合服务需求产生间接影响。

老年人的个体特征与医养结合服务需求的影响因素如图 5-2 所示。

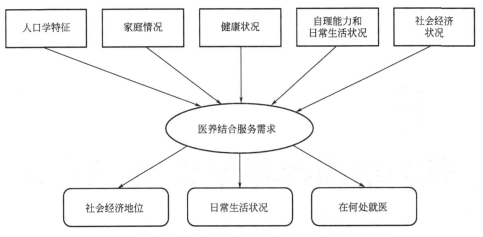

图 5-2　老年人的个体特征与医养结合服务需求的影响因素

最后，在今后对医养结合服务需求进行探讨时，应该注重多元化的考量，以适应满足不同群体老年人的医养结合服务需求，在开展相关研究的时候，不应该按照统一的标准研究医养结合服务的需求问题。因此，在研究老年人对医养结合服务需求的过程中不仅要考虑老年人的个体特征指标，还要考虑不同类型医养结合服务模式下老年人的日常生活状况、卫生服务利用及社会经济状况与医养结合服务供给等指标。

6

医养结合机构服务供给状况分析

本章节主要是基于医养结合机构调查表，并结合不同医养结合利益相关者（老年人、医护人员、医养机构管理人员以及政府部门人员）对医养结合机构服务模式的访谈提纲内容，对数据进行分析和归纳。通过对老年人、医护人员、医养机构管理人员以及政府部门人员进行深度访谈，了解医养结合机构的主要特色、机构设施情况、服务内容和质量、工作人员素质以及下一步需要改进和提高的地方等内容。从基本情况、机构设施情况、工作人员情况、医养结合服务供给情况、入住者情况、财务情况六个维度，了解青岛市不同类型的医养结合机构服务供给状况，并探究医养结合机构床位利用情况及其主要影响因素。

6.1 青岛市医养结合机构服务供给情况定性分析

本研究采用焦点小组访谈的方法，分别对医养结合机构服务的利益相关者进行访谈，定性分析医养结合机构服务的供给和利用情况，共分为 4 个焦点访谈组，分别为医养结合机构管理人员组、工作人员组、入住老年人组以及政府部门人员组。

6.1.1 医养结合机构的硬件设施和环境

目前青岛市医养结合机构与传统养老机构相比，硬件设施和环境相对较好。现在规模较大、床位数较多、新建的医养结合机构的硬件设施比较完善。以青岛市城阳区社会福利中心为例，据福利中心管理人员介绍：城阳区社会福利中心总投资额 1.5 亿元，总建筑面积 3.1 万平方米，设置床位 1200 张，目前城阳区社会福利中心与青岛圣德脑血管病医院签订合作协议（以下简称"城阳圣德"），实现优势互补，共同打造新的"医、养、康、护、学、乐"六位一体的综合养老服务平台。城阳圣德接纳的人员包括自理、半自理、完全不能自理以及失智老年人，同时也接纳五保老人和残疾老年人，是目前青岛市区规模最大、档次较高、收费相对较低的普惠型医养结合机构。城阳圣德由 3 个区域组成，分别为医疗区、护理区以及颐养区。医疗区：目前建筑面积 5500 平方米，设置床位 202 张，开放床位 120张，设有康复医学科、内科、中医科、疼痛科、中西医结合科、外科、检验科、影像科、药剂科等医疗与医技科室。医院主要以门诊、普通住院、康复住院、医疗专护为主。目前医疗服务已实现对机构入住老人的全覆盖，并可满足周边居民的医养需求。护理区：以半自理、失能/失智护理为主，其中重点关注的是失智老人的护理，目的是提升老年人的生命质量，同时使其病情得到延缓甚至能够部分或者完全康复，此外，护理区还实行护养院院护制度（长期护理保险之一）。颐养区：为自理老人的护理区，而城阳圣德的老年大学也设置其中，目前已开设 6 个系列 17 门课程，供机构内与社区老人学习以及娱乐、健身。

入住城阳圣德医养结合机构的老年人谈道："养老的时候有疾病，可以就近养老，很适合养老，使养老无后顾之忧。建立医养结合模式，应该适合中国国情，对这一新型医养结合制度的建设进行创新和完善。"对于医养结合机构的硬件设施与环境，有入住老年人表示，他们最害怕的是走失或者跌倒，希望在日后医养结合机构规划和建设的时候，注意借鉴西方国家养老机构的设计理念，采用粗糙的地板设计以及钝角的扶梯设计风格，防止老年人跌倒摔伤，针对失智老年人可以设计带有定位系统的智能手环，以防止老年人走失的情况发生。

医养结合机构的工作人员表示，"医养结合机构的硬件设施与环境，是基于入住老年人的需求为导向的，在房间的设计上，充分考虑了失能、失智老年人的需求，设置了紧急按铃、智能病床以及相应的助浴、助餐设施。对于多人间，也充分考虑到老年人私密性的需要，设置了窗帘等设施。医养结合机构的房间环境力求安静、宽敞、明亮，有利于老年人'医养康护'服务活动的开展"。

主管医养结合事务的青岛市卫健委、民政局和人社相关领导表示，"目前医养结合机构大多是医疗服务与养老服务的叠加，而现在医养结合机构的设施与环境更偏向于医院"。他们认为，"理想的医养结合机构首先应该是老年人养老的地方，该场所对老人来说应该像家一样温馨。医疗应该是养老的一部分内容，应该是机构所必备的。此外，例如吃饭、住宿等服务，属于生活照料服务的范畴，而日间照料服务也应该按照老年人的需求，合理规划"。有官员说："所谓'医养结合'应该是老年人养老/安度晚年的地方，配备必要的医疗设施、医务人员，为老人提供的一项服务，方便老人，方便亲属，能在老人生病时及时给予医学治疗，能让亲属安心工作，这就是所谓意义上的'医养结合'吧。"

总而言之，对于医养结合机构的硬件设施与环境方面，首先应该充分考虑老年人的医养需求，合理设计与安排。此外，也要充分考虑财政、地价、城市规划和老年人所能承受的价格，建立以普惠型医养结合机构为主体，适应不同层次、不同身体状况的老年人需求、全方位照护的医养结合机构。

6.1.2 医养结合机构工作人员情况

（1）来源 医养结合机构的医护人员主要包括医生、护士和养老护理员。医生主要负责提供疾病诊治服务；护士主要负责为入住老年人提供康复护理服务；养老护理员主要负责生活照料、日间照料/托管等服务。由于入住医养结合机构的老年人多为半自理、失能/失智老年人，他们对疾病诊治、康复护理与日间照料服务的需求较高。但目前青岛市医养结合机构医生、护士和养老护理员的数量、质量和结构分布还存在诸多问题。有医养结合机构管理人员表示，目前医护人员数量并不充足，医务人员相对比较稳定，但是年龄偏大，年轻人从事养老行业的比较少，养老行业里养老护理员的流动性比较大，机构的需求比较大。目前养老护理员的主要来源是周边的村民或是城镇下岗、退休人员，其专业素质相对较差。有民政部门官员表示，"目前全市正在通过各种激励措施从全省各职业院校招聘各类护理人才，相信在不久的将来，护理人员的质量会得到改善"。

（2）培训　有医养结合机构管理人员表示，"机构内的医生和护士专业水平较高，一般是几个经验很丰富的老医生和护士为主，年轻医生和护士为辅，所以专业技术水平较高。但受局限因素比较多，毕竟不是纯医疗机构，检验、检查、抢救设备还是比较滞后，遇到比较严重的病情变化还是只能依靠专业医疗机构"。对于养老护理员，各地区的质量参差不齐。有管理人员表示，"机构内的养老护理员都经专业的培训或都有相应的资格证书，但还需要不断与时俱进，不断接受新概念、新技能"。但部分机构的工作人员则认为，"养老护理员的专业技术水平一般，需要继续学习提高"。青岛市卫健委与民政局官员则表示，"全市范围内机构人员素质不高、老年医护人才缺乏。为此，民政部职业技能鉴定指导中心不定期举办养老护理员技能培训比赛，要求医养结合机构所有养老护理员都持证上岗。下一步，通过定期对养老护理员进行培训，提升养老护理员的理论知识和实际操作方面的能力，实现在岗位上以强带弱，使全市的养老护理员队伍整体素质能有明显地提高。目前市卫健委、民政局会同教育局根据《养老护理员国家职业标准》，在全市乃至全省各职业院校大力培养新一代养老护理员，以培养更多的优质养老护理人才投身医养健康产业"。

总体而言，目前养老护理员只能为入住老年人提供基本的生活照料服务，对于日间照料或者托管服务需求，尚难以满足。另外，医养结合机构尚缺乏统一规范的培训制度，培训内容不科学、不规范、不系统，不能以入住老年人的需求为导向，这致使医养结合机构养老护理员队伍发展缓慢，阻碍了医养结合服务走向专业化和以老年人的需求为导向的发展。

（3）人员管理　对于医养结合机构中的护理人员，一般医护人员都想到待遇和发展前途较好的大医院就业，而医养结合机构一般只是一、二级医院，其发展前途受限，竞争力不强，也无法及时获取有关医疗前沿信息。医养结合机构因为养老护理员"招不来、留不住"的情况普遍存在，招来的护理员素质低，有相当比例未获得专业技能证书。医护人员和养老护理员数量不足。一般医护人员更愿意到大医院或专科医院工作，而不愿意整天面对老年人，因此到养老领域就业者不多。养老护理员则普遍存在人员流动性较大、40岁以上人员和农村进城务工人员较多的情况。而且养老行业相比家政服务业及医院陪护，收入很低，不具备吸引力。另外，养老护理员一般属于合同制员工或临时聘用人员，而且其待遇和社会地位不高，工作压力大，这一职业也被人所误解，因此养老护理员的流动性很大。有医养结合机构管理人员提到，有许多养老护理员在医养结合机构或相关的高职院校接受技术培训，并在机构内进行老年人护理工作，但部分养老护理员在熟练掌握老年护理技术后，选择辞职、跳槽，人员高度的流动性，这也给医养结合机构服务的提供和人员管理造成了不便和困难。

对于养老护理员的职业晋升空间问题，有管理人员表示，"目前养老护理员的职业认同度很低，高级养老护理员的职称仅相当于刚入职的护士级别，社会认同感较低，大部分人都认为养老护理员是一个伺候人的职业，而且没有什么发展前途。另外，在养老护理员培训方面尚未形成系统，专业理论知识和实践操作都不能满足老年人多层次、全方位的医养康护服务需求"。从医养结合服务供给侧来看，目前养老护理员流动性大、专业层次不高、待遇情况较差、职业晋升空间有限、社会地位不高等因素制约了医养结合服务的发展，同时也给护理人员的管理带来了困难。

（4）待遇　医养结合机构管理人员和工作人员都认为，"目前养老护理员待遇太低，收入与付出严重不符。医养结合机构的养老护理员主要的服务对象是半失能、失能/失智的老年人，他们承担的基本上是最脏、最辛苦也是最需要耐心的照护工作，照护老年人的日常起居和日间照料/托管服务，工作压力巨大，有时候还要面对老年人或家属的谩骂和指责，这需要有一种尊老的情怀、爱心和奉献精神，这与他们的付出相比，其待遇明显偏低"。

（5）面临的问题　在医养结合机构，养老护理员是入住的老年人最亲近的人群，护理人员的"生理-心理-社会"状况如果出现问题和困扰，需要及时干预和解决，以免影响护理人员的服务积极性和工作质量。通过定性访谈，医养结合利益相关者成员认为最普遍的问题主要包括以下几方面。

① 薪酬待遇低。通过深度访谈显示，医养结合机构工作人员普遍反映，他们的薪酬待遇水平太低，尤其是养老护理员的待遇水平，付出和所获得的回报不成正比。养老护理员的平均工资在2000～3000元，但提供的服务基本上是24小时不间断的照护服务。这不利于养老护理员质量提升和整个行业的良性发展。

② 职业压力大。养老护理员所负责的工作繁重而复杂，需要足够的耐心

和爱心来完成生活照料服务、技术护理服务、康复护理服务以及心理和护理服务。在这一过程中，如何与入住老年人及其家属建立尊重和理解的互信关系，这是访谈对象所普遍感到困难和棘手的问题。有些家属认为他们向医养结合机构缴纳了入住费用，机构就应该满足老年人的各种需求，全然没有考虑老年人的自身情况，对工作人员尤其是养老护理员缺乏尊重和理解，这也导致工作人员的职业压力巨大。

③ 职业晋升空间有限。在访谈过程中，医养结合机构的管理人员和工作人员表示，目前养老护理员的社会认可度很低，高级养老护理员的职称仅相当于刚入职的护士级别，其职业晋升空间很有限。而养老护理员们通过自己的照护工作为社会和老年人子女分担养老责任，为老年人子女分担了许多他们分内的照护工作，为此养老护理员应当得到社会的认可、理解、尊重和支持。

④ 心理健康问题。护理人员在照护入住老年人的过程中很容易出现心理和健康问题。这主要是因为养老护理员所服务的老年人主要是半自理、失能/失智的老年人，他们的身体健康状况和自理能力相对较差，养老护理员在护理的过程中难免会出现苦闷、焦虑和抑郁等负面情绪。养老护理员的工作强度大，护理服务任务很重，他们同时需要照顾多为老年人，繁重的护理任务容易造成养老护理员身心疲惫。养老护理员的收入与社会地位不高，而他们的照护服务工作却很繁重，获得感不强，容易造成心理失衡。养老护理员每天基本上都是与老年人打交道，与外界沟通和交流的机会不多见，这会使护理人员心理压力和释放的渠道不畅通，容易造成心理健康问题。一些入住老年人及其家属在缴纳入住费用之后，理所应当地认为护理人员应该满足老年人的所有需求，如不能很好照护老年人则会遭到家属的谩骂和指责等过激行为，加上养老护理员所接受的专业技能培训不足，在自身出现心理健康问题时，不能很好地疏导和调节，这也造成了很多养老护理员存在心理问题。

⑤ 人员流动性大。基于养老护理员群体存在的工资待遇低、职业压力大、晋升空间有限、心理健康问题等因素，护理人员的流动性很大，医养结合机构的管理人员表示，有的养老护理员来机构工作后，因无法适应给入住老年人提供照护服务的方式和内容，加上巨大的职业压力和与付出不相匹配的薪酬待遇，他们主动选择离职。还有一部分养老护理员是在医养结合机构接受相关的护理理论基础知识和实践经验培训后，在熟练掌握护理老年人的相关技能之后跳槽，另谋高就。养老护理员流动性大也导致了医养结合机构人员管理不明晰以及服务供给困难等问题。

6.1.3 医养结合机构的服务情况

（1）服务模式 有青岛市卫健委、民政局相关领导表示，目前常见的医养结合机构服务模式主要有三种：①养中有医模式；②医中有养模式；③医养并重模式。其中，养中有医模式是指养老机构开设医疗机构的模式；医中有养模式是指医疗机构开设养老机构的模式；医养并重模式是指医疗机构与养老机构合作互助的模式。

相关领导表示，养中有医服务模式不仅可以为老年人提供传统的日常生活照料服务，还可以根据老年人的实际需求（如疾病诊治、精神慰藉、健康管理等）提供有针对性、个性化的服务方案，养老床位比例大，功能上养为主，能够满足老年人一般性诊疗服务的需求。比较有代表性的是青岛市福彩养老院、青岛福山老年公寓等内设社区综合门诊部和二级康复医院等。医中有养服务模式配备了更专业的医护人员和医疗设施，可以为入住老年人提供不同层次需求的医疗服务和康复服务，更加适合失能/失智老年人入住。例如，青岛市第五人民医院划出118张床位成立市南区老年爱心护理院，青岛盐业职工医院内设盐业老年护养院等，这类机构的医疗与养老设施通常位于同一院区，功能上以医为主。此外，青岛市也有地区发挥疗养资源充足的优势，把疗养院转型为养老院。医养并重服务模式充分融合现有养老与医疗资源，养老区和医疗区发挥各自优势，形成功能互补，为老年人定制个性化的服务，能够满足老年人的医养需求，如青岛市李沧区圣德脑血管病医院同时为圣德老年护理院，市北区济慈脑血管病医院同时为济慈老年公寓，这类机构内部设置、运作模式多数按照医疗机构模式，医疗机构的特色较明显和突出。

（2）服务内容　医养结合机构所提供的服务主要包括健康教育、健康管理、疾病诊治、生活照料、日间照料/托管、康复护理、心理咨询/聊天解闷、临终关怀、文化学习活动、体育娱乐活动和老年人热线服务等医养服务内容，以及老年人协会、老年文体社团、老年医护团队、政府扶贫支持等医养支持项目。

卫健委、民政局相关领导表示，不同模式的医养结合机构所侧重的服务内容有所不同，"养中有医"型机构更多的是聚焦于生活照料、健康教育、健康管理、文化娱乐等方面的养老服务；"医中有养"型机构则侧重于疾病诊治、康复护理、健康管理、精神慰藉等方面的医疗服务；而"医养并重"型机构则兼顾养老、医疗以及康复护理等服务。有入住老年人表示，目前医养结合机构的医疗服务水平相对比较完善，但期望医疗服务满足不同健康状况老年人的多层次需求，由于老年人的健康状况和自理能力较差，专业和优质的医疗服务和康复护理服务是老年人所最期望的。有管理人员表示，"医养结合机构与普通的养老机构最大的区别就是可以提供基本的医疗服务，解决家属的后顾之忧"。医养结合机构工作人员则表示，"医养结合机构有良好的医生和护士资源，可以给老年人及时提供基本的医养服务，但养老护理员的质量参差不齐。有一些专业性较强的医养结合机构其养老护理员专业素养较高，可以为老年人提供全方位、多层次的医养结合服务。而有的医养结合机构的养老护理员流动性很大，专业素质较差，很难为老年人提供优质的照护服务"。

（3）收费标准与费用支付情况　目前医养结合机构的收费制度并没有建立统一的标准。通常医养结合机构是按照入住老年人的自理能力（完全自理、半自理、完全不能自理）状况和选择的居住条件（单人间、双人间、多人间等）制订不同的费用标准。有管理人员表示，"医养结合机构根据入住的老人身体状况、护理难度和居住要求分别收取每月1500～3500元人民币的入住费用，与享受的服务水平相一致"。也有管理人员表示，"医养结合机构的费用会比单纯护理的服务费用稍微高一点，入住人员支出的费用主要是床位费、伙食费、护理费、医疗费等，由子女或者监护人进行按月支付，总的来说收费还比较合理"。还有管理人员提到，"自2017年以后，政府加大了长期护理补贴，使老人得到了长护补贴，90%左右的费用用保险来支付，政府部门也有一部分补贴，很小的一部分由老人自己支付，与享受到的服务相对等。长期护理保险制度对很多家庭，尤其是为失能、失智老年人提供了补助，减轻了家属的经济和心理方面的压力，老人和家属非常满意"。有管理人员和入住老年人建议将长期护理保险列入全民强制投保的第六险种，建立老年人能力评估、分类护理、护理报销、支付结算等一整套的体制机制，从根本上解决全民养老问题。

卫健委和民政部门相关领导表示，"有的医养结合养老机构的入住老人是每月月末向养老机构支付下个月的相关费用，还有的医养结合养老机构的入住老人一次性支付全年的费用，对于费用的支付并没有一个统一的标准。但总体来说，医养结合养老机构的收费不高，一般分为生活护理费及医疗费，比雇个私人陪护收费低，服务好"。还有医养结合机构的管理人员认为，"从当前医养结合机构运营角度来分析，目前医养结合机构存在着收费标准偏低的情况，为此部分医养结合机构资金短缺的问题普遍存在，目前政府的补贴政策主要是针对供方的，并不合理。因此建议卫健委和民政部门能够实行需方补贴和政府购买政策，用需方补贴逐步替代供方补贴政策。同时提高收费标准，逐步实现成本价运营，对公办医养结合机构实行入住对象资格审查制度，优先收养低收入的失能老年人。改进对民办医养结合机构的补贴政策，更多地采用与入住老年人人数挂钩的运营补贴，而非与新建床位数挂钩的建设补贴政策"。

（4）服务质量　卫健委与民政局的相关领导表示，"目前医养结合机构中的医疗资源与服务，基本符合规定要求，相比于普通养老机构更加规范一些，但大部分都只是刚刚够用，还有很大的提升空间，尤其是在慢病持续治疗方面，应该要建立医养结合的政策体系、标准规范和管理制度，形成符合需求的专业化医养结合人才培养制度，建成一批兼具医疗、养老服务资质和能力的医疗机构或养老机构，进一步提升服务质量"。

有入住老年人表示，"目前医养结合机构的服务质量还是不错的，医生护士接到消息都可以及时地到床处理，生活起居护理员们也都悉心照料，待我们如家人一般热情。但还需要不断改进，希望以老年人的医养需求为导向，不断提高其服务质量"。

医养结合机构的管理人员则表示，"辖区既有医养结合机构的医生、护士及护理员具备一定服务技能，其服务质量社会认可度较高，总体来说质量还是挺好的，能满足老人的基本需求，但需要提高医护人员的技术水平和处理突发事件的能力"。但也有部分医养结合机构的管理人员表示，"对于医养结合服务质量不好评价，顶层设计不完善，行政监管不系统，相关标准规范不健全，导致医养结合机构基本是自己摸索着干。外界看上去很热闹，其实各家机构内部问题都不少"。

还有政府部门相关领导认为，"①医养机构的投入不足。目前无论是医养结合还是普通机构养老，绝大部分还是靠政府的投入。但是政府的财力也是有限的，因此，政府资金投入不足的问题，会影响养老服务的持久性和长效性，应该鼓励民营资本进入养老事业。②管理体制和评估体系不够健全。养老服务涉及众多部门，而各部门之间尚未形成协调统一的管理机制，因此为养老服务的合力没有得到有效发挥。③养老服务人员素质参差不齐。目前养老服务人员以40～50岁的失业人员和外来务工人员为主，文化程度低，专业素养差，服务内容仅限于满足老年人的日常基本生活照料需要，上岗前一般只接受过短期培训，这成为提高服务质量和水平的制约问题"。

因此，医养结合机构管理人员建议，"①解决养护型、医护型养老机构发展滞后问题，提升养老机构医养结合服务能力；②解决老年人养老护理服务费用支出问题，发挥医保支持作用，完善和创新长期照护保障制度；③解决养老机构医护与服务人员不足问题，为医养结合提供智力支持和人才保障。针对老年人医疗服务的需求，培养专业的护理人员迫在眉睫。养老机构的老年人从健康状况到生活自理能力，都需要由专业的护理人员为其服务，要鼓励年轻、有专业技能的大中专毕业生参与养老服务工作中来，建立养老护理员岗位补贴制度，提高和改善养老服务行业工资生活待遇，解决养老护理员素质低、招聘难的问题"。

医养结合机构工作人员表示，"任何产业的发展规律都是相同的，人才一市场—效益，有了效益反哺市场和人才培育。因此要想提高服务水平，前提就是有服务人才。政府在大中专院校专业设置、人员就业引导上做足功课，切实提高行业服务水平，自然而然市场就会逐步打开，也会产生效益，形成良性循环"。

入住老年人则认为，"根据不同发展阶段，有三个不同理想：近期，我要有选择机构的余地，即机构融合；中期，我要能享受到医疗和养老服务，即队伍融合；远景，我要能享受到专业服务，即医疗、康复、保健、养老服务，通过一个机构就能达到'医养康护'服务的融合。此外，需要政府部门和社会上有关人士的共同努力来提升医养结合机构的服务水平，理想的医养结合机构是让老年人的大病、小病都能得到有效治疗，老人可以在一个温馨、舒适的环境里安度晚年。同时，还应当提高资金补助标准，让机构可以提高员工待遇和专业素质，并购置专业设备和改善环境；机构要加强对员工的专业培训；突出医养机构专业医疗特色，如糖尿病、心脑血管病、临终关怀等"。

6.2 青岛市医养结合机构服务供给情况定量分析

本研究采用机构自填问卷的方法对青岛市的黄岛区、市南区、城阳区、崂山区、即墨区、李沧区和市北区中被调查的 2040 位老年人所入住的 43 家医养结合机构（包括养老院、老年公寓、福利中心、养老服务有限公司、护理院、养老服务中心、照护中心、护老院、护养院、心理卫生医院等）进行问卷调查。

6.2.1 青岛市医养结合机构基本情况

（1）机构数量 截至 2018 年 12 月，青岛市的黄岛区、市南区、城阳区、崂山区、即墨区、李沧区和市北区中，在民政局社会福利和慈善事业促进处登记注册且正常营业的医养结合机构共计 104 所。

本研究根据各市辖区医养结合机构的数量，按照最优分配原则，并结合机构的床位数情况，共计抽取 45 家医养结合机构进行调查，共回收有效问卷 43 份，有效率为 95.56%，7 个市辖区医养结合机构抽取数量与比例见图 6-1。

（2）医养结合机构兴办主体 43 家医养结合机构中，兴办主体为"公办公营"的医养结合机构共有 9 家，占比 20.93%；兴办主体为"公办民营"的医养结合机构有 20 家，占比 46.51%；兴办主体为"民办民营"的医养结合机构共有 14 家，占比 32.56%。

（3）医养结合机构服务模式 43 家医养结合机构中，"养中有医"服务模

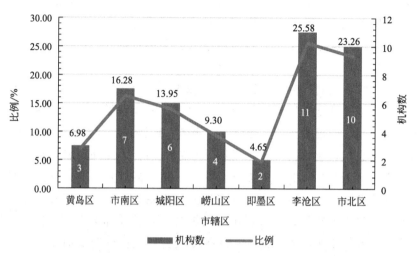

图 6-1 青岛市 7 个市辖区医养结合机构抽取数量与比例

式的医养结合机构共有 19 家,占比 44.19%;"医中有养"服务模式的医养结合机构共有 11 家,占比 25.58%;"医养并重"医养结合机构共有 13 家,占比 30.23%。

(4)床位规模 43 家医养结合机构的总床位数为 11147 张。医养结合机构床位数最少的为 30 张,最多的为 1200 张。床位总数在 100 张及以下的医养结合机构有 13 家,占 30.23%;101~200 张的医养结合机构有 13 家,占 30.23%;201~300 张的医养结合机构有 6 家,占 13.95%;301 张及以上的医养结合机构有 11 家,占 25.58%,如图 6-2 所示。

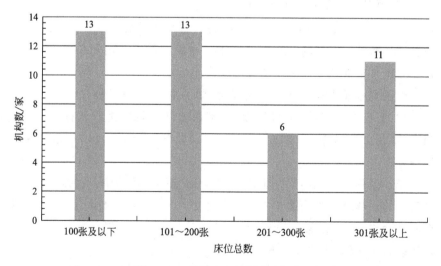

图 6-2 医养结合机构的床位规模

（5）营业年限　43 家医养结合机构的平均营业年限为 6.58 年，最短为 1年，最长为 18 年。营业时间在 5 年及以下的有 23 家，占比 53.49%；营业时间在 6~10 年的有 13 家，占比 30.23%；营业时间在 10 年以上的有 7 家，占比 16.28%。

6.2.2　医养结合机构的硬件设施情况

（1）房间设置　图 6-3 为 43 家医养结合机构的单人间、双人间和多人间的房间设置情况。表 6-1 显示的是医养结合机构入住房间总使用面积及各类房间设置的平均使用面积。表 6-2 显示的是医养结合机构入住房间平均使用面积的达标比例情况。结果显示，大部分医养结合机构能够基于入住老年人不同医养需求设置不同类型的入住房间，90% 以上的医养结合机构入住房间面积能够达到山东省老龄办规定的标准。

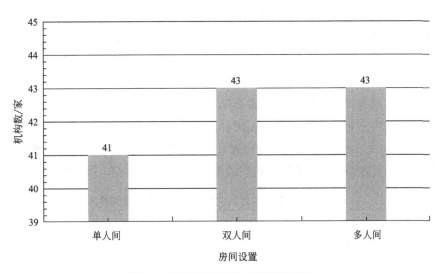

图 6-3　医养结合机构房间设置情况

表 6-1　医养结合机构入住房间设置的面积　　　　　单位：平方米

项目	中位数	最小值	最大值	P_{25}[①]	P_{75}[①]
总使用面积	3000.00	180	27176	2090.00	5588.00
单人间面积	15.00	9	50	0.00	26.50
双人间面积	25.00	6	60	18.00	30.00
多人间面积	45.00	18	260	28.00	60.00

①P_{25} 为下四分位数，P_{75} 为上四分位数。

表 6-2　医养结合机构入住房间建设情况

项目		频数	构成比/%
单人间面积是否达标	达标	25	96.15
	不达标	1	3.85
双人间面积是否达标	达标	38	90.48
	不达标	4	9.52
多人间面积是否达标	达标	39	90.70
	不达标	4	9.30

注：按照山东省老龄办制定的山东省《养老机构等级划分》的规定，依据该标准判断入住房间使用面积是否达标：单人间≤10m² 为不达标，双人间≤14m² 为不达标，多人间人均≤5m² 为不达标。

（2）养老服务设施　结果显示，有 83.72％的医养结合机构有独立的文化娱乐用房，娱乐设施比较完善，半数以上的医养结合机构拥有 3 种以上的娱乐设施，其中棋牌室、书刊阅览室和影视厅设置比例最高。

有 67.44％的医养结合机构设置有健身场所，大部分医养结合机构设置有 1~4 种健身设施种类，另有 23.26％的机构没有健身设施。健身器材是设置最广泛的健身设施，鉴于入住医养结合机构的老年人多数为失能、半失能老年人，需要一定技能的健身设施配备比例不高。

有 67.44％的医养结合机构设置有为入住老年人提供室外活动的场所，室外活动最主要的场所是医养结合机构的院子占比为 53.49％，以上结果见表 6-3。

表 6-3　医养结合机构的养老服务设施建设情况

项目		频数	构成比/%
是否有独立的文化娱乐用房	有	36	83.72
	无	7	16.28
娱乐设施种类	无	7	16.28
	1~2 种	10	23.26
	3~4 种	8	18.60
	5~7 种	18	41.86
文化娱乐活动与设施	棋牌室	35	81.40
	影视厅	25	58.14
	书刊阅览室	33	76.74
	戏曲音乐厅	16	37.21
	书法室	21	48.84
	绘画室	20	46.51
	其他设施	2	4.65

项目		频数	构成比/%
是否有健身场所	有	29	67.44
	无	14	32.56
健身设施的种类	无	10	23.26
	1~2 种	22	51.16
	3~4 种	11	25.58
	5~7 种	0	0
健身设施	健身器材	32	74.41
	乒乓球桌	13	30.23
	台球桌	10	23.26
	门球场	4	9.30
	网球场	0	0
	游泳池	0	0
	其他场所	1	2.33
是否有室外活动场所	有	29	67.44
	无	14	32.56
室外活动场所	院子	23	53.49
	花园	5	11.63
	广场	1	2.33

（3）餐厅　由表 6-4 可知，所有医养结合机构均设置为入住老年人提供一日三餐的餐厅或食堂。其中 88.37％的医养结合机构的餐厅的经营模式为医养结合机构自有，由机构工作人员负责食堂运营和管理；11.63％的医养结合机构的餐厅外包给其他承包单位，由机构与承包单位通过合同或协议约定运营和管理责任。

表 6-4　医养结合机构的餐厅建设情况

项目		频数	构成比/%
是否有餐厅	有	43	100
	无	0	0
餐厅经营方式	医养结合机构自有	38	88.37
	外包给其他承包单位	5	11.63

（4）不同模式医养结合机构的硬件设施情况比较　"养中有医"型医养结合机构入住房间总使用面积平均为 4200 平方米，"医中有养"型医养结合机构入住房间总使用面积平均为 3547.50 平方米，"医养并重"型医养结合机构

入住房间总使用面积平均为 2230 平方米，其中"养中有医"机构平均使用面积最大。

图 6-4 "养中有医""医中有养""医养并重"三种类型入住房间的平均使用面积。由图 6-4 可见，在三种模式房间的平均使用面积上，"养中有医"型机构的平均使用面积最大，"医养并重"型机构的平均使用面积最小。90%以上的医养结合机构达到山东省老龄办规定的山东省《养老机构等级划分》标准。

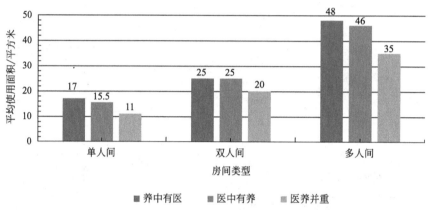

图 6-4　不同模式医养结合机构入住房间的平均使用面积

图 6-5 显示的是"养中有医""医中有养""医养并重"三种类型的医养结合机构中文化娱乐设施和健身设施的平均种类。研究显示，"养中有医"型医养结合机构中文化娱乐设施的平均种类为 5 种，"医中有养"医养结合机构中

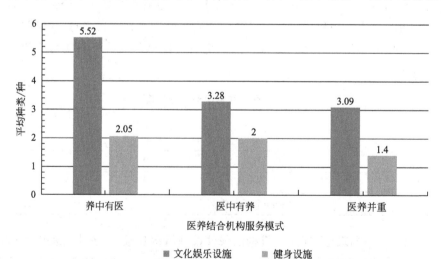

图 6-5　不同模式医养结合机构文化娱乐设施和健身设施的平均种类

文化娱乐设施的平均种类为 3 种，"医养并重"医养结合机构中文化娱乐设施的平均种类为 3 种。而"养中有医""医中有养"和"医养并重"模式的健身设施的平均种类分别为 2 种、2 种和 1 种，健身设施种类相对单一。上述结果表明，"养中有医"服务模式的养老服务设施相比较而言更为多样化。

（5）不同床位规模医养结合机构的硬件设施情况比较 由图 6-6 可知，床位规模在 101～200 张之间的医养结合机构各类型的入住房间的平均使用面积相对较小，床位规模在 201～300 张之间的医养结合机构各类型的入住房间的平均使用面积最大。图 6-7 也显示，床位规模在 201～300 张之间的医养结合机构，其文化娱乐设施与健身设施的平均种类最多。

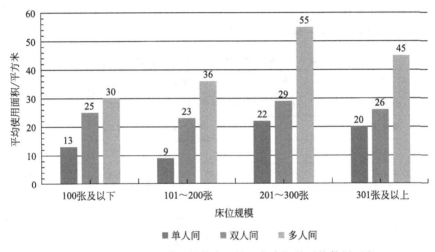

图 6-6　不同床位规模医养结合机构入住房间的平均使用面积

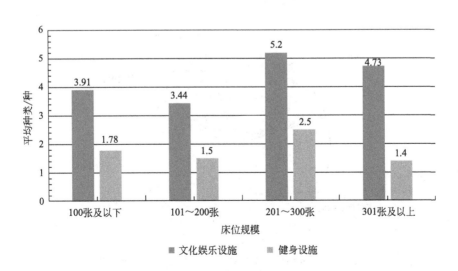

图 6-7　不同床位规模医养结合机构文化娱乐设施与健身设施的平均种类

上述结果表明，床位规模在201～300张之间的医养结合机构的使用面积和文化娱乐与健身设施种类总体上优于其他床位规模的医养结合机构。

6.2.3 工作人员情况

（1）医养结合机构人员的配备、数量与构成 43家医养结合机构均配备了机构的管理人员，医护人员方面，除1家医养结合机构医护人员数据缺失外，其他41家机构配备了医生，42家机构配备了护理人员。

结果显示，43家医养结合机构共有工作人员2906人，其中管理人员共计277人，占比10%；医生共计277人，占比10%；护士499人，占比17%；养老护理员1257人，占比43%；其他人员596人，占比20%。在各类别工作人员中，管理人员和医生所占比例最小（10%），养老护理员所占比例最大（43%）；详见表6-5、图6-8。

表6-5 医养结合机构中各类别工作人员情况　　　　单位：人

项目	中位数	最小值	最大值	总数	P_{25}[①]	P_{75}[①]
工作人员总数	38	9	286	2906	24	75
管理人员	5	0	24	277	3	8
医生	4	0	44	277	2	7
护理人员总数	20	1	235	1756	11.75	41.25
护士	7	0	100	499	3.75	12.75
养老护理员	19	0	135	1257	8	33.50
其他人员	0	0	35	596	0	0

①P_{25}为下四分位数，P_{75}为上四分位数。

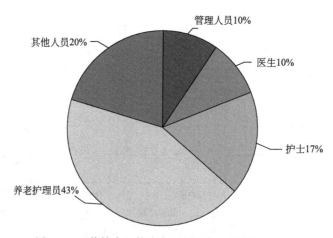

图6-8 医养结合机构中各类别工作人员的平均构成

如表 6-6 所示的是 43 家医养结合机构人员的配置比例以及青岛市医养结合服务基本规范标准。结果显示，执业医师与床位数配比、护士与床位数配比和护士与护理员配比基本符合青岛市医养结合服务基本规范标准；护理人员与床位数配比略高于青岛市医养结合服务基本规范标准。

表 6-6　43 家医养结合机构人员配置比例与基本规范标准对比

项目	调查配比	青岛市医养结合服务基本规范标准
执业医师与床位数配比	1∶27.49	1∶40
护理人员与床位数配比	1∶4.40	1∶4
护士与床位数配比	1∶14.10	1∶18
护士与护理员配比	1∶2.52	1∶（3～4）

上述结果表明，养老护理员是医养结合机构工作人员的主要组成部分，管理人员和医生所占比例较小，护理人员与床位数平均配比为 1∶4.40，基本上能够满足医养结合机构入住老年人的医养服务需求。

（2）医养结合机构中医生、护士和养老护理员的年龄、学历与职称构成　如图 6-9 所示，40 岁以下的医生和护士占比最高，47.01％的养老护理员为 40～49 岁，40～49 岁的医生占比最少，60 岁及以上护理人员数最少。

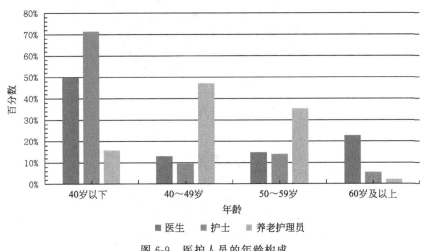

图 6-9　医护人员的年龄构成

如图 6-10～图 6-12 所示，43 家医养结合机构的医生中，大专及本科学历占多数，博士学历最少（博士学历者为 0）；护士中，大专学历最多，高中及以下学历最少（高中及以下学历者为 0）；养老护理员中，初中学历最多，大专及以上学历最少。

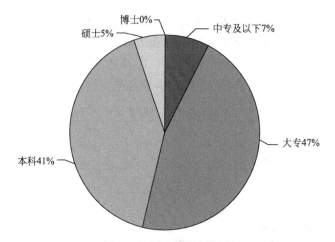

图 6-10　医生的学历构成

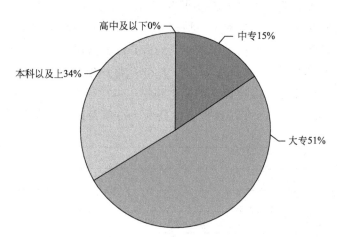

图 6-11　护士的学历构成

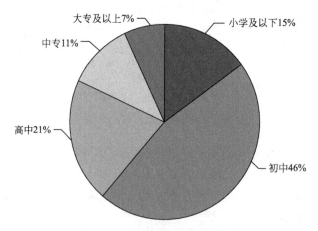

图 6-12　养老护理员的学历构成

如图 6-13～图 6-15 所示，43 家医养结合机构中，医生的职称以住院医师和主治医师为主；护士的职称以护士和护师为主；养老护理员的职称以初级养老护理员为主。

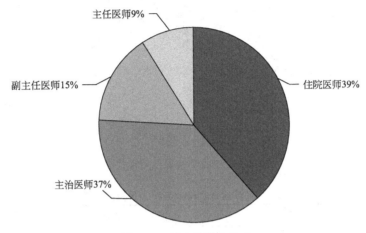

图 6-13　医生的职称构成

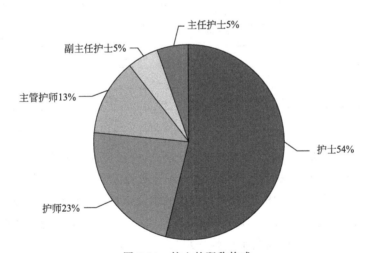

图 6-14　护士的职称构成

（3）医养结合机构医护人员资质与培训情况　结果显示，43 家医养结合机构的 277 位医生中，已获得执业医师资格证书的有 256 人，占比 92.42%；499 位护士中，已获得护士职业资格证书的有 409 人，占比 81.96%；养老护理员中，有 727 位（57.11%）养老护理员参加过国家人力资源和社会保障部组织的职业技能培训和鉴定，获得养老护理员岗位培训证书；有 872 位（68.50%）养老护理员获得了养老护理员职业资格证书，见表 6-7。

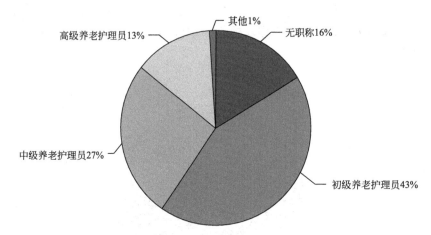

图 6-15　养老护理员的职称构成

表 6-7　医养结合机构中医护人员资质与培训情况

项目		人数	构成比/%
执业医师资格证书	获得	256	92.42
	未获得	21	7.58
护士执业资格证书	获得	409	81.96
	未获得	90	18.04
养老护理员岗位培训证书	获得	727	57.11
	未获得	546	42.89
养老护理员职业资格证书	获得	872	68.50
	未获得	401	31.50

（4）不同类型与床位规模的医养结合机构医护人员情况比较　结果显示，"养中有医"机构的执业医师数、注册护士数以及养老护理员的中位数分别为4人、6人和25人；"医中有养"机构的执业医师数、注册护士数以及养老护理员中位数分别为8人、12人和24人；"医养并重"机构的执业医师数、注册护士数以及养老护理员中位数分别为3人、6人和12人。与青岛市医养结合服务标准相对比，除"养中有医"型机构在执业医生与床位数配比、护理人员与床位数配比以及"医养并重"型机构在护理人员与床位数配比上高于现行标准，有待进一步改善外，其他指标基本符合青岛市医养结合服务基本规范标准。从工作人员资格证书持有比例来看，"养中有医"和"医中有养"机构医生取得执业医师的资格证书的比例较高，"医养并重"和"医中有养"机构注册护士取得执业证书比例较高，"医养并重"机构护理人员整体质量比较均衡，"养中有医"机构护理人员持证比例相对较低，见表6-8。

表 6-8　不同类型医养结合机构医护人员情况比较

项目	养中有医	医中有养	医养并重
执业医师中位数/人	4	8	3
注册护士中位数/人	6	12	6
养老护理员中位数/人	25	24	12
执业医生与床位数配比	1∶42.59	1∶15.06	1∶25.33
注册护士与床位数配比	1∶17.48	1∶10.73	1∶11.85
护理人员与床位数配比	1∶5.41	1∶3.63	1∶4.14
注册护士与养老护理员配比	1∶3.23	1∶1.96	1∶1.86
取得执业医师的资格证书的人员比例/%	93.07	99.05	81.69
取得执业证书的注册护士比例/%	57.20	85.38	86.29
取得养老护理员职业资格证书的人员比例/%	53.38	74.48	85.44
取得上岗资格证书的人员比例/%	58.64	69.23	88.74

（5）不同床位规模医养结合机构工作人员情况比较　结果显示，床位数在 100 张及以下的执业医师、注册护士以及养老护理员的中位数分别为 4 人、5 人和 11 人；床位数在 101～200 张的执业医师、注册护士以及养老护理员中位数分别为 2 人、6 人和 18 人；床位数在 201～300 张机构的执业医师、注册护士以及养老护理员中位数分别为 5 人、6 人和 33 人；床位数在 301 张及以上机构的执业医师、注册护士以及养老护理员中位数分别为 13 人、17 人和 64人。与青岛市医养结合服务标准相对比，床位规模在 101～200 张床位的医养结合机构的护理人员与床位数配比以及 201～300 张床位的执业医生与床位数配比、注册护士与床位数配比、护理人员与床位数配比、注册护士与养老护理员配比高于青岛市医养结合服务基本规范标准，有待进一步完善。从工作人员资格证书持有比例来看，床位数在 100 张及以下和 201～300 张的机构工作人员持证比例较高，101～200 张床位的机构注册护士取得执业证书比例和 301 张及以上床位的机构取得上岗资格证书的人员比例有待加强，见表 6-9。

表 6-9　不同床位规模医养结合机构工作人员情况比较

项目	100 张及以下床位	101～200 张床位	201～300 张床位	301 张及以上床位
执业医师中位数/人	4	2	5	13
注册护士中位数/人	5	6	6	17
养老护理员中位数/人	11	18	33	64
执业医生与床位数配比	1∶13.26	1∶39.51	1∶43.76	1∶26.34
注册护士与床位数配比	1∶8.24	1∶13.43	1∶34.19	1∶13.62
护理人员与床位数配比	1∶3.07	1∶4.23	1∶6.32	1∶3.74

项目	100 张及以下床位	101～200 张床位	201～300 张床位	301 张及以上床位
注册护士与养老护理员配比	1∶1.69	1∶2.17	1∶4.41	1∶2.64
取得执业医师的资格证书的比例/%	91.30	94.59	100	86.71
取得执业证书的注册护士比例/%	100	46.60	100	71.03
取得养老护理员职业资格证书的人员比例/%	71.84	71.43	93.62	63.89
取得上岗资格证书的人员比例/%	78.40	85.27	71.63	43.94

6.2.4 医养结合机构的服务情况

（1）提供服务项目的数量　43 家医养结合机构中提供服务的种类最少的为 2 种，最多的为 6 种，平均为 5.40 种。69.77% 的医养结合机构能够提供至少 6 种医养结合服务，见表 6-10。

表 6-10　医养结合机构服务项目的数量

服务项目的数量	频数	构成比/%
2～3	4	9.31
4～5	9	20.93
≥6	30	69.77
合计	43	100.00

（2）提供医养结合服务的内容　如表 6-11 所示的是医养结合机构服务项目的种类。结果显示，医养服务作为医养结合机构的特色，是医养结合机构的基本服务内容。80% 以上的医养结合机构可以为老年人心理咨询和精神慰藉、健康教育和文化娱乐健身活动；79.07% 的机构可以提供康复护理服务；除了上述医养服务外，能够提供其他如临终关怀、安宁照护服务的机构极少。另外，医养结合机构更加重视医疗服务，43 家机构中，27.91% 的机构以日常生活照料服务为主，72.09% 的机构以医疗服务为主，见表 6-12。

表 6-11　医养结合机构服务项目的种类

服务项目	频数	构成比/%
日常生活照料	42	97.67
医疗服务	43	100.00
康复护理	34	79.07
心理咨询和精神慰藉	37	86.05
健康教育	37	86.05
文化娱乐健身活动	36	83.72

表 6-12　医养结合机构的主要服务类型

医养服务	频数	构成比/%
日常生活照料服务	12	27.91
医疗服务	31	72.09

（3）入住老年人健康管理情况　由表 6-13 可知，有 97.67％的医养结合机构为入住老年人提供定期健康管理服务，其中 69.77％的机构每年为老年人提供 1 次健康管理服务，包括测量老年人的视力、体重、血压、血糖等健康指标，并进行干预；97.67％的医养结合机构为入住老年人建立健康档案，用于记录和追踪老年人的健康状况。

表 6-13　医养结合机构中入住老年人的健康管理情况

健康管理		频数	构成比/%
是否定期健康管理	是	42	97.67
	否	1	2.33
每年健康管理的次数	0 次	1	2.33
	1 次	30	69.77
	2 次	9	20.93
	4 次	2	4.65
	12 次	1	2.33
是否建立健康档案	是	42	97.67
	否	1	2.36

（4）医养结合机构中医护人员的服务　医养结合机构中的医护人员包括医生、护士和养老护理员，他们所提供的医养结合服务侧重点有所不同。如表 6-14 所示，医生所提供的医养结合服务主要是健康状况评估、医疗服务与用药方面指导，并辅以就医便捷服务和预约协助转诊服务；护士所提供的医养结合服务主要是专业护理与健康管理方面的服务，并辅以康复训练、心理咨询和精神慰藉等服务；养老护理员所提供的医养结合服务主要是日常生活照料方面的服务。

表 6-14　医养结合机构中医护人员的服务内容

医养服务		频数	构成比/%
由医生提供的服务内容	健康状况评估	42	97.67
	健康/医疗服务	40	93.02
	合理用药指导	40	93.02
	中医康复保健指导	28	65.12
	就医便捷服务和预约协助转诊服务	33	76.74

医养服务		频数	构成比/%
由护士提供的服务内容	日常生活照料	17	39.53
	医疗服务中的专业护理	41	95.34
	康复训练	24	55.81
	心理咨询和精神慰藉	26	60.47
	健康教育	32	74.42
	健康管理	36	83.72
由养老护理员提供的服务内容	日常生活照料	43	100.00
	医疗服务中的专业护理	17	39.53
	康复训练	17	39.53
	心理咨询和精神慰藉	24	55.81
	健康教育	18	41.86
	健康管理	9	20.93

上述结果表明，医养结合机构中医生的工作主要聚焦于医疗和用药指导服务，护士主要提供专业护理服务，养老护理员主要侧重于日常生活照护服务。对于护理人员而言，医养结合服务内容存在交叉和重叠，大部分医养结合机构的护士和养老护理员提供多层次的养老与护理服务。

（5）不同类型与床位规模的医养结合机构提供服务情况比较　结果显示，89.47%的"养中有医"机构可以提供的医养服务项目为6项，一半以上的"医中有养"和"医养并重"机构可以提供6项医养结合服务。结果显示，青岛市3种不同类型医养结合机构能够为入住老年人提供多层次的医养服务，其中"养中有医"机构的医养服务项目更加丰富，见表6-15。

表6-15　不同类型医养结合机构提供服务情况

服务项目数量	养中有医		医中有养		医养并重	
	频数	构成比/%	频数	构成比/%	频数	构成比/%
2～3项	0	0	2	27.27	2	15.38
4～5项	2	10.53	3	27.27	4	30.77
6项及以上	17	89.47	6	54.55	7	53.85
合计	19	100.00	11	100.00	13	100.00

如图6-16所示的是不同床位规模的医养结合机构服务项目数量比较。100张及以下床位机构的服务项目的平均数量为5.54项，101～200张床位机构的服务项目的平均数量为4.76项，201～300张床位机构的服务项目的平均数量为5.50项，301张及以上床位机构的服务项目的平均数量为5.73项。上述结

果表明，随着床位规模的增加，医养结合机构的服务项目变得更加丰富，床位规模在301张及以上的医养结合机构所能提供的平均服务项目数量最多。

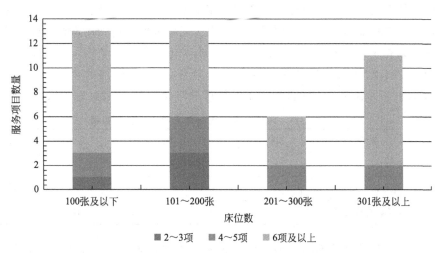

图 6-16 不同床位规模的医养结合机构服务项目数量比较

6.2.5 医养结合机构的入住者与收费情况

（1）医养结合机构入住者人数 结果显示，43家医养结合机构共有入住老年人6312人，平均每家机构入住82人，其中完全自理老年人12人，半自理老人32人，完全不能自理老年人45.50人；从年龄分布看，平均每家机构入住60～64岁老年人3人，65～69岁老年人4人，70～74岁老年人14人，75～79岁老年人18人，80岁及以上老年人41人，见表6-16。

表 6-16 医养结合机构中入住老年人情况   单位：人

项目	中位数	最小值	最大值	总数	P_{25}[①]	P_{75}[①]
入住老年人总数	82	3	750	6312	60	200
完全自理老年人	12	0	24	1425	0	33.75
半自理老年人	32	0	44	1849	10.50	60
完全不能自理老年人	45.50	0	235	3038	25.75	83.50
60～64 岁老年人	3	0	58	318	0	10
65～69 岁老年人	4	0	132	643	3	16
70～74 岁老年人	14	0	170	1106	6	26
75～79 岁老年人	18	0	300	1439	8	30
80 岁及以上老年人	41	0	275	2806	17	67

①P_{25} 为下四分位数，P_{75} 为上四分位数。

（2）医养结合机构收费情况　医养结合机构因服务模式不同、老年人生活自理能力不同、床位规模不同，其收费标准也有所不同。本研究通过折算医养结合机构中完全自理、半自理和完全不能自理老年人的平均月收费标准，对不同自理能力和不同类型医养结合机构老年人的支付费用进行比较和分析。

如表 6-17 所示，青岛市医养结合机构对于完全自理老年人，每月平均收费为（2296.22±917.519）元；半自理的老年人每月平均收费为（2940.12±1413.861)元；完全不能自理老年人每月平均收费为（3621.74±1418.326)元。

表 6-17　不同自理能力老年人平均月支付费用　　单位：元

项目	机构数	均数±标准差($\bar{x}\pm s$)	最小值	最大值
完全自理老年人	37	2296.22±917.519	0	4000
半自理老年人	43	2940.12±1413.861	0	6800
完全不能自理老年人	43	3621.74±1418.326	1800	8600

结果显示，从不同类型医养结合机构来看，入住"医中有养"机构的不同自理能力老年人平均月支付费用最高，"养中有医"机构次之，"医养并重"机构最低。从不同床位规模的医养结合机构来看，201～300 张床位的完全自理老年人月支付费用最高，101～200 张床位的完全自理老年人月支付费用最低；301 张及以上床位的部分自理老年人月支付费用最高，101～200 张床位的部分自理老年人月支付费用最低；301 张及以上床位的完全不能自理老年人月支付费用最高；100 张床位及以下的完全不能自理老年人月支付费用最低。总体呈现出床位规模越大，老年人平均月支付费用越高的趋势，见表 6-18、表 6-19。

表 6-18　不同类型医养结合机构老年人平均月支付费用　　单位：元

项目	养中有医($\bar{x}\pm s$)	医中有养($\bar{x}\pm s$)	医养并重($\bar{x}\pm s$)
完全自理老年人	2317.65±760.284	2477.78±1169.164	2114.55±972.351
部分自理老年人	2940.12±1413.861	3307.27±1479.744	2585.83±1740.984
完全不能自理老年人	3621.74±1418.326	3866.00±1182.090	3430.77±1538.952

表 6-19　不同床位规模医养结合机构老年人平均月支付费用　单位：元

项目	100 张床位及以下($\bar{x}\pm s$)	101～200 张床位($\bar{x}\pm s$)	201～300 张床位($\bar{x}\pm s$)	301 张及以上床位($\bar{x}\pm s$)
完全自理老年人	2227.27±900.201	2079.17±940.681	2610.00±544.243	2495.56±1107.735
部分自理老年人	2784.17±1616.475	2658.46±1360.526	2920.00±525.661	3454.09±1593.450
完全不能自理老年人	2462.50±1610.828	3295.62±1204.590	3350.00±479.124	4329.09±1665.566

6.3 不同医养结合机构床位利用情况及其影响因素

6.3.1 不同医养结合机构入住率情况

43家医养结合机构中，入住率最低的为10%，最高的为100%，平均入住率为68.05%。结果显示，有20.93%的医养结合机构入住率低于50%，37.21%的机构入住率维持在50%～80%之间，41.86%的机构入住率高于80%，见表6-20。79.07%的医养结合机构入住率符合民政部发布的《养老机构等级划分与评定》关于机构入住率不低于50%的标准。

表6-20 医养结合机构入住率频数分布

入住率	频数	构成比/%
<50%	9	20.93
50%～80%	16	37.21
≥80%	18	41.86
合计	43	100.00

进一步研究发现，"养中有医"机构入住率最低为30%，最高为100%，平均为73.14%；"医中有养"机构入住率最低为10%，最高为100%，平均为60.53%；"医养并重"机构入住率最低为10%，最高为100%，平均为66.98%。

以上结果表明，青岛市医养结合机构的平均入住率较高，但不同机构之间差异较大。从不同类型医养结合机构来看："养中有医"机构平均入住率最高，"医养并重"机构次之，"医中有养"机构略低。

6.3.2 医养结合机构床位利用情况影响因素分析

（1）单因素分析 本研究基于43家医养结合机构调查数据，以入住率为因变量，分别以基本情况、机构设施情况、工作人员情况、医养服务情况、入住老年人情况和财务状况为自变量，进行单因素线性回归分析。

① 医养结合机构基本情况与入住率的关系。结果显示，不同医养结合机构兴办模式、是否领取社会福利机构执业证书、床位总数、是否为医院科室和医养结合机构模式与医养结合机构入住率之间差异无统计学意义（$P>0.05$）；不同营业年限与医养结合机构入住率之间差异有统计学意义（$P<0.05$）。进一步分析发现：医养结合机构营业时间越长，入住率可能会越高，见表6-21。

表 6-21　医养结合机构基本情况与入住率的关系

变量	B	S.E	Beta	t	P	95％CI
机构兴办模式	−0.042	0.050	−0.128	−0.824	0.415	（−0.144,0.060）
是否领取社会福利机构执业证书	0.015	0.083	0.028	0.181	0.858	（−0.156,0.183）
营业年限	0.025	0.009	0.391	2.718	**0.010**[①]	（0.006,0.043）
床位总数	0.000	0.000	−0.179	−1.168	0.250	（0.000,0.000）
是否为医院科室	0.040	0.092	0.067	0.432	0.668	（−0.147,0.226）
医养结合机构模式	−0.036	0.048	−0.114	−0.733	0.468	（−0.133,0.062）

①$P<0.05$。

② 医养结合机构设施与入住率的关系。结果显示，医养结合机构总使用面积、单人间使用面积、双人间使用面积、多人间使用面积、是否有独立卫生间、是否有独立的文化娱乐设施用房、文化娱乐设施种类、是否有健身场所以及健身设施种类与医养结合机构入住率之间差异无统计学意义（$P>0.05$），尚不能认为医养结合机构设施是医养结合机构入住率的影响因素，见表 6-22。

表 6-22　医养结合机构设施与入住率的关系

变量	B	S.E	Beta	t	P	95％CI
总使用面积	0.000	0.000	1.974	1.284	0.421	（−0.001,0.001）
单人间使用面积	0.010	0.016	0.542	0.623	0.645	（−0.198,0.218）
双人间使用面积	0.020	0.013	0.879	1.566	0.362	（−0.140,0.180）
多人间使用面积	−0.009	0.005	−2.023	−1.842	0.317	（−0.070,0.052）
是否有独立卫生间	−0.514	0.717	−0.815	−0.717	0.604	（−9.621,8.593）
是否有独立的文化娱乐设施用房	0.066	0.128	0.087	0.516	0.609	（−0.192,0.324）
文化娱乐设施种类	0.343	0.000	0.027	0.158	0.875	（0.000,0.000）
是否有健身场所	−0.031	0.114	−0.046	−0.271	0.788	（−0.261,0.199）
健身设施种类	0.000	0.000	0.250	1.316	0.200	（0.000,0.000）

③ 医养结合机构工作人员情况与入住率的关系。结果显示，工作人员总数、管理人员人数、注册护士人数、取得执业证书的注册护士人数、养老护理员人数、医生与床位数配比、护士与床位数配比、护理人员与床位数配比、注册护士与养老护理员配比和医养结合机构入住率之间差异无统计学意义（$P>0.05$）；医生人数、医生中取得执业医师资格证书的人数与医养结合机构入住率之间差异有统计学意义（$P<0.05$）。进一步分析发现：医生人数越多

以及医生中取得执业医师资格证书的人数越多的医养结合机构，其入住率越高，这显示出，增加医生尤其是取得执业医师资格证书的医生数量，有助于提高医养结合机构的入住率，见表 6-23。

表 6-23　医养结合机构工作人员情况与入住率的关系

变量	B	S.E	Beta	t	P	95%CI
工作人员总数	0.004	0.002	0.918	1.681	0.105	(−0.001,0.008)
管理人员人数	−0.001	0.019	−0.019	−0.053	0.958	(−0.040,0.038)
医生人数	0.043	0.023	1.306	1.885	**0.041**①	(0.004,0.091)
医生中取得执业医师资格证书的人数	0.066	0.030	1.481	2.221	**0.035**①	(0.005,0.127)
注册护士人数	0.001	0.002	0.060	0.383	0.704	(−0.004,0.006)
取得执业证书的注册护士人数	0.004	0.009	0.162	0.397	0.695	(−0.015,0.022)
养老护理员人数	0.003	0.007	0.338	0.388	0.701	(−0.012,0.018)
医生与床位数配比	0.003	0.002	0.285	1.316	0.197	(−0.002,0.007)
护士与床位数配比	−0.002	0.005	−0.081	−0.365	0.717	(−0.012,0.008)
护理人员与床位数配比	−0.001	0.019	−0.006	−0.032	0.975	(−0.039,0.037)
注册护士与养老护理员配比	−0.008	0.017	−0.101	−0.451	0.655	(−0.042,0.027)

① $P<0.05$。

④ 医养结合机构服务情况与入住率的关系。结果显示，医养结合服务数量、主要以什么服务为主、养老服务主要由谁来提供、医生平均每日工作时间、护士平均每日工作时间、养老护理员平均每日工作时间与医养结合机构入住率之间差异无统计学意义（$P>0.05$）；是否定期组织入住老年人进行健康管理与医养结合机构入住率之间差异有统计学意义（$P<0.05$）。进一步研究发现：定期对入住老年人进行健康管理的医养结合机构其入住率较高，这显示出，医养结合机构因根据入住老年人的身体状况组织健康管理，加强对老年人的健康干预，防患于未然，受到入住老年人的青睐，见表 6-24。

表 6-24　医养结合机构服务情况与入住率的关系

变量	B	S.E	Beta	t	P	95%CI
医养结合服务数量	0.009	0.036	0.039	0.248	0.805	(−0.064,0.082)
主要以什么服务为主	0.026	0.099	0.042	0.258	0.798	(−0.176,0.227)
是否定期对入住老年人进行健康管理	−0.594	0.259	−0.337	−2.292	**0.027**①	(−1.118,−0.071)

变量	B	S.E	Beta	t	P	95%CI
养老服务主要由谁来提供	0.194	0.133	0.235	1.459	0.153	（−0.076,0.464）
医生平均每日工作时间	0.010	0.019	0.211	0.515	0.611	（−0.029,0.048）
护士平均每日工作时间	−0.006	0.019	−0.126	−0.310	0.759	（−0.044,0.032）
养老护理员平均每日工作时间	0.008	0.012	0.126	0.664	0.512	（−0.016,0.032）

①$P<0.05$。

⑤ 医养结合机构财务情况与入住率的关系。结果显示，政府财政补助情况、入住老年人缴费情况、入住老年人日常生活支出、入住老年人文化娱乐支出与医养结合机构入住率之间差异无统计学意义（$P>0.05$）；是否有政府财政补助与医养结合机构入住率之间差异有统计学意义（$P<0.05$）。进一步研究发现：是否获得政府财政补助是医养结合机构入住率的可能影响因素，尚不能认为政府资助金额是医养结合机构入住率的影响因素，这有待于扩大样本量进一步研究政府财政补助金额与入住率之间的关系，见表6-25。

表6-25 医养结合机构财务情况与入住率的关系

变量	B	S.E	Beta	t	P	95%CI
是否有政府财政补助	−0.011	0.148	−0.013	−2.077	**0.019①**	（−0.312,−0.289）
政府财政补助情况	0.000	0.000	−0.070	−0.418	0.678	（−0.001,0.001）
入住老年人缴费情况	0.000	0.000	0.214	1.312	0.198	（0.000,0.000）
入住老年人日常生活支出	0.000	0.000	0.113	0.693	0.492	（0.000,0.001）
入住老年人文化娱乐支出	0.003	0.005	0.100	0.613	0.544	（−0.007,0.012）

①$P<0.05$。

通过单因素线性回归分析结果表明，可能影响医养结合机构入住率的因素有5个，分别是：营业年限、医生人数、医生中取得执业医师资格证书的人数、是否定期对入住老年人进行健康管理以及是否有政府财政补助。

（2）多因素分析 从单因素分析中$P<0.05$的变量以及$P>0.05$但通过文献复习和质性访谈认为其可能对医养结合机构入住率产生影响的变量中筛选自变量，考虑本研究样本量等情况，最终选择营业年限、医生人数、医生中取得执业医师资格证书的人数、是否定期对入住老年人进行健康管理、是否有政府财政补助以及养老服务主要由谁来提供、医养结合主要以什么服务为主、医养结合机构模式8个变量作为自变量进行多重线性回归分析。

以医养结合机构入住率为因变量，以前述8个变量为自变量，在进入标准SLE=0.05，剔除标准SLS=0.10的情况下，进行多重线性回归分析。结果显示，是否定期对入住老年人进行健康管理、营业年限、医生人数是医养结合机构入住率的影响因素。

根据回归分析结果建立影响医养结合机构入住率的回归方程模型为：

$Y=1.074-0.674 \times$ 是否定期对入住老年人进行健康管理 $+0.023 \times$ 营业年限 $+0.030 \times$ 医生人数

结果提示：定期组织入住老年人进行健康管理的、机构营业时间较长的以及机构医生人数多的医养结合机构其入住率较高。其中，是否定期对入住老年人进行健康管理对医养结合机构入住率的影响最大，见表 6-26。

表 6-26　医养结合机构入住率影响因素多重线性回归分析

变量	B	S.E	Beta	t	P	95%CI
常量	1.074	0.287	—	3.746	0.001[①]	(0.488,1.660)
是否定期对入住老年人进行健康管理	−0.674	0.289	−0.399	−2.337	0.026[①]	(−1.264,−0.085)
营业年限	0.023	0.011	0.332	2.205	0.035[①]	(0.002,0.045)
医生人数	0.030	0.017	0.949	1.996	0.043[①]	(0.004,0.065)

注：$R^2=0.182$，$F=4.893$，$P=0.014$。

①有统计学意义，$P<0.05$。

6.4　讨论与总结

6.4.1　医养结合机构服务供给的定性评价

本研究主要对青岛市医养结合机构服务供给情况进行定性研究，主要涉及对利益相关者（医养结合机构管理人员、工作人员、入住老年人以及政府部门相关领导等）进行深度访谈。访谈结果显示，目前医养结合机构发展程度参差不齐，服务供给基本能够满足入住老年人的需求，但医养服务质量亟待提高，需要建立全方位、多层次、立体化的医养结合服务模式，满足不同层次和健康状况老年人的需求。

（1）医养结合机构硬件设施和环境评价　通过深度访谈发现，目前青岛市医养结合机构整体上硬件设施和环境建设较好，不同机构发展程度层次不一。但大部分医养结合机构的硬件设施与环境，是基于入住老年人的需求为导向的。在房间的设计上，充分考虑了失能、失智老年人的需求，设置了紧急按铃、智能病床以及相应的助浴、助餐设施。对于多人间的房间，也充分考虑到老年人私密性的需要，设置了窗帘等设施。医养结合机构的房间环境力求安静、宽敞、明亮，有利于老年人医养康护服务活动的开展。为此，医养结合机构在进行硬件设施与环境建设规划时可以更多基于人性化、需求为导向的角度考虑，使得硬件设施与环境更加契合老年人的"生理-心理-社会"

需求。

（2）医护人员队伍评价　在对医护人员访谈过程中了解到，目前医养结合机构内的医生和护士专业水平较高，一般是几个经验很丰富的老医生和护士为主，年轻医生和护士为辅，但养老护理员则普遍存在"招不来、干不长、留不住"的情况，人员流动性大，40岁以上人员和农村进城务工人员较多。而且养老行业相比家政服务业及医院陪护，收入很低，不具备吸引力。另外，养老护理员一般属于合同制员工或临时聘用人员，而且其待遇和社会地位不高，工作压力大，这一职业也被人所误解，因此养老护理员存在着流动性大、层次低、专业水平较差、社会地位低等情况，这些问题制约了养老护理员队伍的发展以及医养结合服务的供给水平。

（3）医养结合服务质量评价　医养结合服务质量的测量与评价是医养结合机构服务研究领域的重点与难点问题。本研究有人力、物力和财力的限制，主要通过定性访谈的方式对医养结合服务质量情况进行评价。

通过定性访谈结果可以看出，①从对医养结合机构服务质量顶层设计来看，目前青岛市医养结合服务基本规范，对于具体医养结合服务的质量与标准要求还不够细致，无法定量分析医养结合机构服务质量。②从入住老年人对医养服务感受来看，老年人普遍认为医生和护士的医疗与护理质量相对较好，养老护理员的日常生活照料服务在专业技术方面还有待提升。这需要卫健委、民政局的通力合作，从顶层设计上落实各项政策措施，发挥政策的叠加效应。医养结合机构工作人员也应该着力提升自己的业务水平，满足入住老年人的需求。入住老年人及其家属也应该理解和配合机构工作人员相关工作，并予以理解和支持。

6.4.2　医养结合机构服务供给的定量评价

本研究基于青岛市医养结合机构调查表，通过调查43家医养结合机构基本情况、机构设施情况、工作人员情况、医养服务供给情况、入住者情况和财务情况，对青岛市医养结合机构服务供给情况进行定量评价。

（1）医养结合机构基本情况与硬件设施评价　调查结果显示，43家医养结合机构按照"医养结合"机构模式划分："养中有医"机构有19家、"医中有养"机构11家、"医养并重"机构13家，机构的整体运营情况良好。虽然在设计理念和标准上与西方国家的长期照护机构对比还存在诸多不足，但鉴于"医养结合"相关理念与政策在我国推行时间不长，各地尚处于试点阶段，目前青岛市的多数医养结合机构在设施和环境上基本能够满足老年人对医疗服务、养老服务、康复护理服务的基本需求。另外，医养结合机构硬件设施水平和环境的高低也关系到收费标准的高低，因此，医养结合机构的硬件设施建设还需要考虑入住老年人的刚性需求和购买力。

（2）工作人员评价　结果显示，执业医师与床位数配比、护士与床位数配比和护士与护理员配比基本符合青岛市医养结合服务基本规范标准，护理人员与床位数配比略高于青岛市医养结合服务基本规范标准，这显示出，在青岛市医养结合服务基本规范标准的指导下，医养结合机构基本上能够按照规范标准合理配置医护人员与床位数的比例。对医护人员的年龄、学历、职称构成研究发现，医生和护士的年龄分布较为年轻，学历构成相对合理，职称构成主要以初级职称为主。养老护理员则存在着年龄偏大、学历和职称构成偏低的问题。不同类型医养结合机构对比来看，除"养中有医"型机构在执业医生与床位数配比和护理人员与床位数配比以及"医养并重"型机构在护理人员与床位数配比上高于现行标准，有待进一步改善外，其他指标均符合青岛市医养结合服务基本规范标准。从工作人员资格证书持有比例来看，"养中有医"和"医中有养"机构医生取得执业医师的资格证书的比例较高，"医养并重"和"医中有养"机构注册护士取得执业证书比例较高，"医养并重"机构护理人员整体质量比较均衡，"养中有医"机构护理人员持证比例相对较低。从不同床位数机构对比来看，床位数在201～300张的机构，其医护人员与床位数配置比例不尽合理，有待进一步完善，而床位数在101～200张的机构的护理人员与床位数配比也有待合理配置。从工作人员资格证书持有比例来看，101～200张床位机构的注册护士取得执业证书比例以及301张及以上床位的机构取得上岗资格证书的人员比例有待加强。

研究显示，69.77%的医养结合机构能够提供包含"医、养、康、护、学、娱"等综合型医养结合服务。医养结合机构中医生的工作主要聚焦于医疗和用药服务，护士主要提供专业护理服务，养老护理员主要侧重于日常生活照护服务。对于护理人员而言，医养结合服务内容存在交叉和重叠，大部分医养结合机构的护士和养老护理员提供多层次的养老与护理服务。通过对"养中有医""医中有养""医养并重"3种类型医养结合机构服务对比发现，3种类型机构都能够为入住老年人提供多层次的医养服务，其中，"养中有医"机构的医养服务项目更加丰富。此外通过对不同床位规模的医养结合机构服务情况对比发现，随着床位规模的增加，医养结合机构的服务项目变得更加丰富，床位规模在301张及以上的医养结合机构所能提供的平均项目数量最多。

（3）入住者与收费情况评价　研究显示，平均每家医养结合机构入住82位老年人，其中大部分为半自理和完全不能自理老年人。从年龄分布来看，以高龄老年人（≥80岁）为主。绝大部分医养结合机构收费标准是按照老年人身体健康状况收费的，随着入住老年人自理能力的下降，失能程度的上升，老年人所支付的费用也逐步提高。从不同类型医养结合机构来看,入住"医中有养"机构的不同自理能力老年人平均月支付费用最高,"养中有医"机构次之,"医养并重"机构最低。从不同床位规模的医养结合机构来看,201～300张床位的完全自理老年人月支付费用最高,101～200张床位的完全自理老年人月支付费用最低;301张及以上床位的部分自理老年人月支付费用最高,101～200张床位的部分自理老年人月支付费用最低;301张及以上床位的完全不能自理老年人月支付费用最高,100张及以下床位的完全不能自理老年人月支付费用最低。总体呈现出床位规模越大,老年人平均月支付费用越高的趋势。

6.4.3 医养结合机构的床位利用情况

本次调查通过调查研究43家医养结合机构入住率情况,并通过单因素和多因素分析,探究医养结合机构的基本情况、机构设施情况、工作人员情况、医养服务供给情况、入住老年人情况以及财务情况中那些是影响医养结合机构入住率的主要因素。

(1)医养结合机构入住率情况 结果显示,调查的43家医养结合机构中,有79.07%的机构入住率符合民政部发布的《养老机构等级划分与评定》关于机构入住率不低于50%标准,综合来看,青岛市医养结合机构的平均入住率较高,但不同机构之间差异较大。通过对"养中有医""医中有养""医养并重"3种服务模式机构对比分析发现,"养中有医"机构平均入住率最高,"医养并重"机构次之,"医中有养"机构略低。

(2)医养结合机构入住率影响因素情况 本研究通过对影响医养结合机构入住率的因素进行研究发现,定期对入住老年人进行健康管理的、机构营业时间较长的以及医生人数多的医养结合机构其入住率较高,其中,是否定期对入住老年人进行健康管理对医养结合机构入住率的影响最大。这可能是因为定期组织老年人进行健康管理有助于他们做好疾病筛查,做好健康干预,防患于未然,减少入住老年人罹患各种疾病的风险,因而这类机构受到入住老年人的青睐。机构营业年限越长其入住率越高,这一研究结果与既往研究相一致。有报道指出:从营业年限上分析,医养机构营业年限每增加一年,其入住率提高一个或以上等级的概率增加45%,这可能是因为营业年限久的医养机构,社会认知度较高,多数都有着较为成熟的医养服务体系,更容易让人信赖。医生人数多的医养结合机构其入住率越高,本研究结果与张钰等研究结果一致,另有文献指出:有医生比没有医生的养老机构入住率高一个或者以上等级的概率增加3.13倍,每增加一个医生机构入住率提高一个或者以上等级的概率增加58%,这可能是因为医生人数多的医养结合机构,其医养专业技术团队和服务质量较好，从而可以为入住老年人提供全方位、全周期、高质量和多层次的医养结合服务项目。由此可见，要提高医养结合机构的床位使用效率，还需要加大机构内定期组织老年人健康管理的力度，做好疾病防控工作，建立医养结合机构品牌，提高医养结合机构专业医护人员的数量和质量，让医养结合机构可以更专业地为入住老年人提供全方位、多层次、立体化的医养结合服务。

6.4.4 医养结合服务模式供给与需求之间的差异

本研究通过调查医养结合机构服务供给、老年人医养结合服务的需求与利用情况，并分析不同健康状况老年人的收入水平与医养结合机构费用之间的差距，探求医养结合服务模式供给与需求之间的差异。

（1）医养结合服务需求与供给之间的差距 研究发现，15 项医养结合服务中，有 12 项可以满足老年人的医养结合服务需求。其中，老年医护团队、政府扶贫支持（农村）以及老年人协会服务略微呈现供不应求的状况，而体育娱乐活动、心理咨询/聊天解闷和康复护理等 12 项服务则呈现出供给大比例高于需求的现象。这显示出，目前青岛市医养结合服务基本上能够满足老年人的服务需求，另外，也存在着小部分服务供给跟不上老年人服务需求以及服务利用远低于服务供给，需求无法得到满足与服务得不到充分利用的矛盾现象并存的情况。这可能是因为当前医养结合服务的发展还有所滞后，主要从政府和社会资本提供服务的资源、能力出发，目前主要聚焦于失能/失智、半失能老年人，对于完全自理老年人所提供的服务还亟待提升。加之老年人对医养结合服务的认知水平还不高，购买服务的欲望和能力尚处于一个较低层次，这都在一定程度上制约了老年人对医养结合服务的认知和使用。此外，有部分老年人医养结合服务需求又是高于服务供给的，这说明目前的医养结合服务在满足老年人的需求方面还有待提高。

（2）老年人收入水平与医养结合机构收费之间的差距 老年人的平均收入水平相对较低，本研究调查显示，非农业户籍生活能够自理的老年人的平均月收入为 4868.75 元，半自理的老年人平均月收入为 4783.60 元，完全不能自理的老年人平均月收入为 4385.93 元。农村户籍生活能够自理的老年人的平均月收入为 2915.79 元，半自理的老年人平均月收入为 2980.87 元，完全不能自理的老年人平均月收入为 3372.63 元。据青岛市统计局发布消息，2017 年青岛市就业人员平均月工资为 5253.90 元，由此可见，在经济收入方面，老年人的平均收入明显低于青岛市就业人员平均工资水平。

通过对青岛市 43 家医养结合机构不同健康状况老年人的收费标准调查发现，对于完全自理的老年人，医养结合机构平均月收费为 2296.22 元，对于半自理的老年人，医养结合机构平均月收费为 2940.12 元，对于完全不能自理的老年人平均月收费为 3621.74 元。对比老年人的平均月收入水平与医养结合机构收费标准可知，医养结合机构的入住费用与非农业户籍老年人的平均收入水平能够相适应，但基本接近或大于农业户籍老年人平均收入，这显示出，农村老年人尤其是完全不能自理的老年人缺乏医养结合机构服务的支付能力，如果无法得到子女或者政府的补贴等资金支持，农村老年人很难利用医养结合机构所提供的服务进行养老。

目前，医养结合机构入住收费标准多由医养结合机构基于自主经营、自主定价的原则，根据医养结合机构的设施设备、服务内容、床位数等设立收费项目与标准，并进行自主定价，然后由物价部门进行审核，并没有相应的医养结合机构收费标准的指导性价格。目前医养结合机构之间存在着市场竞争，收费高低也是市场竞争的一种手段。但应该确保医养结合机构在定价的过程中，充分考虑老年人的经济承受能力以及与价格相匹配的服务质量。因此，政府相关部门应该切实重视并着力解决医养结合机构入住费用标准问题，保护入住老年人的合法权益，同时也在医养结合机构之间创造一个公平、有序的执业环境。

7

研究总结

7.1 结论

本研究基于定性和定量研究方法，通过对老年人医养结合机构服务模式的选择偏好以及医养结合服务的需求、供给与利用情况进行分析和探讨，得出以下结论。

（1）人口学特征、健康状况及社会经济地位因素对老年人医养结合机构服务模式的偏好影响显著。

加快建设医养相结合、覆盖全体老年人的健康养老服务体系，是《山东省医养健康产业发展规划（2018—2022年）》的行动目标。作为国家第一批医养结合示范单位的青岛市，其医养结合试点起步较早，并形成了具有地方特色的"青岛模式"。在本次调查的老年人群当中，通过将"医养并重"模式作为对照组进行多元回归分析，研究显示：受教育程度低、未患病、完全自理和半自理的老年人更愿意选择"养中有医"机构；中龄老年人、受教育程度低、离婚、未患病和患有1种疾病、完全自理和半自理的老年人更愿意选择"医中有养"机构。

（2）目前青岛市医养结合机构服务模式的优、劣势与机会问题并存。

通过对青岛市医养结合机构服务模式进行了SWOT-CLPV分析研究发现：①目前医养结合机构服务模式给老年人提供的"医养康护"服务数量和质量应继续优化；②医养结合机构两极分化情况严重，部分机构医养服务的水平和能力需要改善；③医养结合服务模式可以实现"医＋养"的有机融合，但存在着医养结合机构运营成本高、外部配套设施不完善的问题；④医养结合机构的医疗服务与养老功能的发挥有待提升，需要加强顶层设计，并进一步完善和创新长期护理保险制度。

（3）老年人的婚姻状况、与子女的居住安排方式、健康状况、自理能力状况、之前的职业因素是影响老年人对不同类型医养结合机构选择意愿的主要因素。

通过决策树模型研究发现，婚姻状况为丧偶、未婚以及已婚有配偶的、与子女在不同区或其他方式居住的、健康状况为很好和好的、完全自理和半自理的以及职业为办公室一般工作人员，农、林、渔、民和其他人员的老年人更加偏好"养中有医"服务模式；离婚的、健康状况很不好或不好的老年人更加偏好"医中有养"服务模式；与子女在同一个区居住的，健康状况一般的、不好或很不好的，完全不能自理的，职业为一般职工、专业技术人员、国家和企事业单位领导人员以及个体户和自由职业者的老年人更加偏好"医养并重"的服务模式。

（4）老年人的日常生活状况、个人社会经济地位和卫生服务利用是影响医养结合服务需求的主要因素。

通过对医养结合服务模式中"医养结合"服务需求影响因素进行分析，通过多因素分析发现：年龄、老年人的经济状况、平均月收入、受教育程度、之前的职业、平时在何处就医、目前照护状况的满意度、人际关系的满意度、最担心和焦虑的问题以及与子女见面频率是老年人医养结合服务需求的影响因素。进一步研究发现：人际关系满意度高的、照护服务满意度高的、最担心和焦虑的问题是经济状况和健康状况的、每半年左右与子女见一次面的、平均月收入较高的、经济状况较好的、职业为国家或企事业单位领导人的、年龄为低龄老年人的、受教育程度较低的以及平时在省级医院就诊的老年人的医养结合服务需求较高。通过结构方程模型分析发现，老年人在何处就医、日常生活状况对医养结合服务需求有直接影响，老年人的社会经济地位对医养结合服务需求产生直接影响，并通过在何处就医和日常生活状况对医养结合服务需求产生间接影响。日常生活状况是老年人医养结合服务需求最重要的影响因素，个人社会经济地位因素次之，平时在何处就医因素位列第三位。

（5）多数医养结合机构服务供给能够满足老年人的需求，应创新和发展全方位、多层次、立体化的医养结合服务模式。

青岛市的多数医养结合机构在设施和环境、工作人员情况、医养服务供给情况、财务情况上基本能够满足老年人对医疗服务、养老服务、康复护理服务的需求，医养结合机构的入住费用与非农业户籍老年人的平均收入水平能够相适应，但农村老年人尤其是完全不能自理的老年人缺乏医养结合机构服务的支付能力。此外，医养结合机构发展程度参差不齐，医养服务质量亟待提高，需要建立全方位、多层次、立体化的医养结合服务模式，满足不同层次和健康状况老年人的需求。

（6）定期对老年人进行健康管理、营业时间长和医生数较多的医养结合机构的入住率较高。

43家医养结合机构之间的入住率差异较大，平均入住率为68.05%，是否定期对入住老年人进行健康管理、营业年限、医生人数是医养结合机构入住率的影响因素，其中，定期组织入住老年人进行健康管理的、机构营业时间较长的以及医生人数多的医养结合机构其入住率较高。

7.2　建议

本研究采用定性和定量相结合的方法，通过对老年人医养结合机构服务模式的选择以及医养结合机构服务的需求、供给与利用情况进行分析。

青岛市作为中国"新一线"城市的典型标本，也是第一批国家级医养结合试点单位，具有一定的代表性，其城市发展、经济水平、人口规模、老龄化程度、政策理念等方面与中国其他城市相比较，总体水平较为靠前，可以为二、三线城市未来医养健康产业发展规划提供参考依据。

　　通过研究可以看出，青岛市老年人医养结合服务需求呈现多层次、多样化趋势，在入住老年人中，选择"养中有医"和"医养并重"模式的比例高于"医中有养"模式；不同特征的老年人对医养结合机构服务模式有着不同的选择；不同社会经济地位特征、日常生活状况与卫生服务利用的老年人对"医养康护"需求的侧重点也有所不同；医养结合服务供给的种类和服务质量有待进一步提升。因此，青岛市应大力推动医养结合服务模式的优化升级，促进医养健康产业的发展，创新发展医养结合服务供给，满足不同层次老年人的医养结合服务需求，实现健康老龄化。基于此，我们提出以下对策建议。

7.2.1　创新发展医养结合机构服务模式，推动不同类型医养结合机构服务优化升级

　　目前，我国医养结合服务模式的建设还处于探索发展阶段，在我国人口老龄化日益严峻的背景下，创新发展医养结合服务模式，有利于实现健康老龄化的目标。而在目前国家政府的医养健康产业规划中，机构养老一直作为补充角色，但这也是我国未来医养健康产业的重要发展方向。

　　目前，我国医养结合机构服务模式还面临着服务能力和职业化程度不足的问题，主要包括：医养结合机构设施的专业化程度不高、护理人员的质量和专业化水平程度较低、医养结合机构的财务状况能力有限。因此，优化升级发展医养结合机构，推动"养中有医""医中有养""医养并重"3种医养结合机构服务模式创新发展，提升医护人员的专业技术水平和服务质量，加大政府对医养结合机构的扶持力度，有利于促进机构养老的专业能力提升。

　　（1）创新医养结合服务模式，鼓励医疗机构与养老机构融合发展。

　　医养结合，是为了使老龄人口在享受养老服务的同时能方便快捷地获得医疗服务，一方面有利于提升医养健康产业的综合服务能力，另一方面可以有效整合医疗与养老资源，统筹"医养康护"服务资源的规划。

　　较为典型的案例有重庆市青杠老年护养中心、北京丰台区颐乐之家敬老院、青岛福山老年公寓、海口普亲老年养护中心等，他们基于不同的医养结合服务模式，创新发展了我国的医养结合服务体系。

　　青杠老年护养中心是重庆医科大学附属第一医院投资兴建的，也是全国第一家大型公立医院主办的综合性养老机构，包括普通护养区、临湖护养区、老年医院、护理职业学院等部分。青杠老年护养中心依托重庆医科大学一附

院的专业技术和先进医疗设备，建立了全智能化老年服务体系，实现呼叫定位、远程探视等功能，能够为老年人提供养老、医疗、护理、康复的优质全程服务。

北京丰台区颐乐之家敬老院是由丰台区长辛店街道办事处与北京康泰医院合办的一所养老机构，集养老、护理、预防、保健和康复等多功能服务项目于一体，实现医护型养老。敬老院拥有由专业医师、护师组成的管理团队，康泰医院 24 小时为入住老人提供及时、高效的医疗服务，实现"防、康、养、医、食、住、行、护"全方位服务的家庭式养老。

青岛福山老年公寓是山东省规模最大、功能最全、设施最完善，集防、医、养、康、护为一体的现代化养老机构，收治失能、半失能老年人，包括养老、医疗、护理、培训、活动、保障六大中心。拥有专业的医疗护理团队，提供有效、及时的就诊服务和生活服务。青岛福山老年公寓培训中心培训专业护理员，保证所有工作人员持证上岗，突破传统单一公寓模式，打造社区化、家庭化、一体化的新型机构养老环境。

海口普亲老年养护中心通过市场化的方式整合周边医院医疗资源，建设养老服务机构、社区养护站和家庭养老院等项目，如与海南老年病医院协作，在养护中心设立家庭病床，建立老年人健康评估档案，为老年人提供诊疗、康复等服务。养护中心与医院相互转诊，医护人员定期上门体检、诊疗、健康教育。重视吸引社会团体提供老年陪护等志愿服务，将健康管理理念辐射到社区，实现以机构为补充、社区为枢纽、家庭病床覆盖的一体化养老服务。

基于上述典型案例，全国各地区应根据当地经济发展水平和人口老龄化程度，探索不同类型医养结合服务模式。支持改造一批二级以上综合医院转型升级为"医中有养"机构，重点收治危急重症患者。引导一批二级医院转型发展，重点接收三级医院向下转诊的亚急性患者、术后恢复期患者以及危重症稳定期和康复期患者。鼓励基层医疗卫生机构开展医养结合服务，主要为高龄、重症、失能/失智、部分失能老年人提供常见病、多发病的一般诊疗。鼓励和支持医养结合机构、基层医疗卫生机构设置安宁疗护/临终关怀床位。"医中有养"机构也应该以入住老年人的多层次、全方位需求为导向，提供专门的设备和设施，提升"医中有养"机构的服务设施与能力。

对于符合条件的养老机构可按规定申请开办老年病医院、康复医院、护理院等"养中有医"机构。养老机构也可内设诊所、医务室或护理站，对于未能内设医疗机构的养老机构也应确定医疗联络员，专门负责为入住老年人协调医疗相关事宜。

应鼓励大型医疗机构与养老机构建立医养并重机构，大力发展医联体结合服务。大型医疗机构负责为入住医养结合机构的患病老年人开通绿色通道，对患急症的老年人进行紧急抢救等工作；定期派专家到医养并重机构坐诊、查房，培训医生和护士，提高医养并重机构的医疗服务水平；为养老机构提供优质、连续、方便、有效的医疗服务，提升医养并重机构医疗与养老服务内容与质量，从而实现大型医疗机构与医养结合机构双向转诊。

（2）建立医养健康产业的相关标准。

政府部门应该加快医养结合、医养服务以及医养健康产业的相关标准化研究，积极推动医养结合服务标准化建设和规划，由国家卫健委、民政部门、医保局、养老协会、医养结合机构、标杆企业牵头等制定行业标准，通过地方试点试行，并最终制定出全国的国家标准，形成完整的医养健康产业相关的标准体系。另外，在法律层面也应该通过政策和立法等方式予以保障，进一步明确各项标准在医养结合服务标准体系中的定位和作用，推进医养健康产业的全面升级。同时还应该做好与国际相关技术法规和标准的参照和对比，通过产学研相结合的方式推动标准化建设，进而通过标准化建设带动科研和产业的融合发展，积极发挥第三方评估在标准化建设中的作用。

（3）提高医养结合机构从业人员专业素养，提升医养结合服务质量。

建立政府购买医养服务职业培训机制，基于医养资源，建立医养结合培训示范基地，对从业人员进行专业技术培训。规范服务行为，提高医护人员业务能力与专业素养。积极培育发展医养志愿服务组织，建立志愿服务登记与医养服务的"时间银行"储蓄制度，在全社会营造"尊老、敬老"的良好氛围。

开展执业医师和注册护士多点执业，鼓励更多的医务人员到医疗机构提供有偿医疗、保健、康复和护理服务。医养机构的医护人员享受与其他医疗卫生机构相同的职称评定、专业技术培训和继续医学教育等方面资格。

建立医养结合机构等级评定与服务质量评估制度，规范行业准入、退出、监管机制。建立医养结合机构组织信用评价体系，完善医养服务举报和投诉等制度。建立以落实医养结合政策情况、医养结合服务覆盖率、医疗卫生机构和养老机构无缝对接程度、老年人护理服务质量、老年人满意度等为主要内容的医养结合工作评估体系，形成政府指导、行业自律、社会监督相结合的监管体系。

（4）开展智慧医养结合服务模式。

在"互联网＋"的时代背景下，要全面构建服务信息化体系，依托互联网平台，将医疗、养老机构之间的信息进行有效的传递和共享，着重开展健康管理工作，更加全面精准地为老年人提供健康管理服务。此外，要充分利用人工智能、机器学习、大数据、物联网和移动终端等技术和媒介，发展智慧医养结合服务，整合全方位、多层次、不同健康状况老年人的医养结合服务，开发适合老年人的智能化产品、可穿戴设备、健康管理及相关移动产品，建立医养健康产业信息服务平台，整合老年人个人电子健康档案、医疗保障系统、长期护理保险系统、社会保障系统，促进医养结合服务平台的信息资源聚合。

7.2.2　改善老年人社会经济地位，优化老年人个人养老能力与选择意愿

通过前几章分析发现，老年人不同的社会经济地位会显著影响其对医养结合机构服务模式与需求的选择。首先，老年人不同的社会经济地位意味着其能够掌握、支配和调动的资源不同，较高社会经济地位的老年人往往能获取更优质的医养结合服务与保障。其次，老年人的社会经济地位与其医养结合机构服务模式的选择意愿、获取更好的医养服务有关。因此，有必要改善和提高老年人的社会经济地位，优化老年人的养老能力与选择意愿。

（1）改善老年人的经济能力与提升个人养老服务购买能力。

应当切实提高老年人的个人经济能力，政府可以出台相关政策，给予入住医养结合机构老年人一定比例的补助，为有医养结合服务刚性需求的老年人提供必要的经济支持。实行需方补贴和政府购买政策，用需方补贴逐步替代供方补贴政策，通过对入住老年人的身体状况以及家庭收入情况评估决定其所获得的补贴程度，提升老年人医养结合服务的购买能力。

（2）引导老年人合理选择不同类型的机构医养服务，优化医养服务的发展。

研究发现，不同特征的老年人能够基于自己的人口学特征、身体状况、社会经济状况、自身观念、城乡差异等因素选择不同类型的医养结合机构，因此，政府和医养结合机构应该继续加强医养服务项目和质量的提升，以老年人需求为导向，提供全周期、全方位、多层次的医养照护服务。加大对医养结合机构及不同类型医养结合服务的宣传力度，打造医养结合机构连锁品牌，倡导老年人根据自身特征和需要合理选择不同类型的医养结合机构。

（3）丰富和拓展老年人的学习娱乐生活。

"医、养、康、护、学、娱"是医养结合服务的6大核心内容，丰富并拓展学习和娱乐服务，可以满足老年人的精神需求，提升高层次老年人的医养服务需求。政府要加强城乡不同地区的老年人文化设施建设，增加对老年公共文化产品的供给，加大对老年教育与娱乐的传播以及老龄工作的宣传力度。积极支持医养结合机构组织开展各项学习文化娱乐活动，丰富老年人的精神文化活动，加强老年人的体育健身工作、娱乐设施建设以及老年人体育设施与组织建设。

7.2.3　基于不同特征老年人医养结合服务需求，形成多元医养服务保障体系

通过不同特征老年人的个体需求预测其医养结合服务模式的选择意愿，

目前我国医养结合服务模式刚刚起步，尚处于探索阶段，服务层次较低，保障体系还不完善。为此，我们应该深入了解不同层次的老年人医养结合服务需求，并最终形成多元医养服务保障体系。

（1）建立和完善老年人长期护理保险制度。

基于青岛市从2018年4月起开始推行《青岛市长期护理保险暂行办法》，进一步完善和创新老年人长期护理保险制度，做好医疗护理和生活照料服务的有机衔接。对于符合条件的医疗机构或医养结合服务机构（含社会力量举办的）应纳入医保或长期护理保险定点机构。不断扩大失能/失智老年人的护理保障范围。将长期护理保险与养老、医疗保险进行捆绑组合，由社会保险提供最基本和必要的长期护理服务或其费用支出等，通过一种强制性的手段为高龄、失能、失智或伤残需要长期护理的投保人提供护理费用补偿，这有利于保障和提高老年人的生存能力与功能发挥，对于实现健康老龄化的目标具有重要的现实意义。

（2）大力推进医养健康产业全面发展。

2018年山东省人民政府在出台的《山东省新旧动能转换重大工程实施规划的通知》（鲁政发〔2018〕7号）中明确指出：要深入实施"健康山东"战略，促进医疗、养老等多业态融合发展，打造全方位、全周期、多周期健康服务产业链，创建国家医养结合示范省。因此，要制定医养健康产业发展的支持引导政策，聚焦于老年用品、可穿戴设备、辅助用具的研发生产，创新发展符合老年人多样化医养需求的特色护理辅助器械、老年康复护理器具，探索、制定以及开发相关的医养健康政策和技术支持等。此外，进一步优化和提升养老服务和老年娱乐休闲活动，研究开发符合老年人年龄特点、健康状况、购买能力以及"生理-心理-社会"需求的医养结合服务活动。

（3）强化医养结合设施设备与服务模式的构建。

通过对老年人开展医养结合服务需求评估，建设社区嵌入式的医养结合综合信息服务平台，对接医养供求信息，努力提升居家-社区医养结合服务的覆盖率、项目和服务质量。以社区为依托，利用社区卫生服务中心（站）、日间照料中心等资源，为老年人提供医疗、养老、健康、康复、护理、学习、娱乐等各方面的服务。应积极鼓励建设社区嵌入式的医养结合机构，以满足老年人就近养老的需求，方便老年人的家属和朋友进行照护和探视。

7.2.4 探索和创新现有管理模式，建立健全长期照护服务体系

（1）探索和创新医养结合管理模式。

探索和创新现有的医养结合管理模式，可以基于医养结合服务平台，学习国外的管理经验，可以设置"长期照护服务经理"这个角色，采用个案管

理的模式，在对入住老年人进行综合性评估后，制订医疗、养老、康复、护理等全周期、全方位的照护服务计划。基于医养服务团队协作的形式提供各项医养服务，保证入住老年人能够得到多层次、立体化服务。

（2）建立健全长期照护服务体系。

可以成立长期照护服务工作委员会，对长期照护服务的相关议题，定期进行沟通讨论，形成共识，并建立长期照护单一窗口制度，试点"长期照护管理示范中心"，联通各区域医养结合机构并成立专责单位，推动区域及地方的长期照护服务体系与服务的发展。

建设和维持一支训练有素、可持续的长期照护队伍。要提升长期照护人员的收入，改善其工作条件，并为照护人员提供职业发展与增加收入的渠道。向照护服务人员提供诸如暂歇照护、专业信息与培训等支持措施。改善公众对长期照护工作与服务的重视与回报，通过大众宣传，消除阻碍男性及年轻人成为长期照护服务人员的偏见。

保证长期照护的服务质量。基于长期照护服务质量的关键问题，制定并发布照护服务规范或指南；建立长期照护服务及专业照护人员认证机制；建立和创新照护服务（包括长期照护与卫生保健服务）的协同工作机制；建立质量管理标准化系统，并将维护和改善老年人的功能发挥作为服务质量的重心。

此外，还要提升老年人自我照顾能力。坚持"预防为主"的原则，通过健康干预等项目，加强老年人健康促进、健康维护及预防保健服务，除提升老年人健康寿命外，还要加强居家环境安全，避免意外事故，改善老年人健康体能，加强老年人均衡饮食与营养，推广共同照护模式，改善和提升慢性病诊疗追踪及预防并发症，加强建立家庭照顾者支持网络等。

7.2.5 充分调动社会医养资源，提高医养结合机构的综合服务能力

是否定期对入住老年人进行健康管理、营业年限以及医生人数对于不同类型的医养结合机构老年人入住率有巨大影响。在目前我国医养结合服务模式的起步阶段，各类医养结合服务资源尚未有效整合和汇集的背景下，因此如何充分利用医养服务资源，做好医养健康产业的整体规划和布局，以及对医养资源进行有效的整合和利用，是当前新旧动能转换背景下发挥医养结合资源效能的重要抓手。

（1）放宽养老资源进入门槛，加快推进养老服务业放管服改革。

政府要优化养老机构相关审批条件，简化医养结合机构设立与申办流程，实行"一个窗口"办理，由相关部门集体办公、并联审批，加快推行医养结合机构申办一站式服务。建立"只跑一次，一站式窗口办理"的网上审批平

台，提高审批效率，不能再让市场主体跑来跑去。此外，建议进一步放开国外优质资源在中国设立营业性医养结合机构的相关限制，开放市场，鼓励境外投资者设立非营利性的医养结合机构，并能够与国内非营利性医养结合机构享受同等的优惠政策。

建议各地转变运营补贴发放形式，各地医养结合服务机构运营补贴发放方式应逐步由"补砖头""补床头"向"补人头"转变，依据实际医养健康服务老年人数量发放补贴，创新医养服务供给方式。推进医养结合机构连锁化运营，鼓励发起设立采取股权投资等市场化方式独立运作的养老投资基金，吸引社会力量进入养老服务基础设施和服务领域。

（2）发挥医养健康产业发展规划的政策效应，推动医养结合机构创新发展。

要加强顶层设计与供给侧结构性改革，发挥医养结合相关政策的叠加效应。山东省政府于 2018 年出台了《山东省医养健康产业发展规划（2018—2022 年)》，并配套了相关优惠和支持鼓励政策。规划指出要深入推进机构医养结合，支持各地改造、转型发展一批以收治高龄、重病、失能/失智老年人为主的医养结合机构，重点向康复、护理和养老服务延伸。引导养老机构申请开办老年病医院、老年康复医院、老年护理院等，配备专业康复人员或引入专业康复机构。建立健全医疗卫生机构与养老机构合作机制，开通预约就诊的绿色通道。支持社会资本采取特许经营、公建民营、民办公助等模式，新（改、扩）建以医疗、养老、康复、护理为主的医养结合机构。

7.3　创新点

本研究的创新之处在于首次对国内不同类型医养结合机构模式选择的影响因素与服务供需进行了较为全面和系统的研究，所得到的研究经验和研究结果可为后续研究提供参考与借鉴，同时为政府制定医养结合机构服务模式相关的政策提供理论与实证基础。具体表现在以下几方面。

（1）研究角度方面　在健康老龄化背景下，本研究首次从宏观和微观视角对医养结合机构三种模式选择进行分析和探讨。基于需求与供给视角，研究医养结合机构服务需求与供给状况，同时对医养结合机构需求与供给之间的差距进行了归纳总结，从而有助于全面了解医养结合机构的发展现状，为进一步开展医养结合机构服务及医养健康产业发展研究奠定了基础。

青岛市作为国家第一批医养结合示范单位，"新一线"城市，是中国城市化研究的重要范本，基于青岛的研究对我国各地市医养结合的发展具有重要的启示作用。

（2）研究方法应用方面　本研究首次将 SWOT-CLPV 模型、决策树模型等方法运用在医养结合机构服务模式的选择研究上，从宏观视角通过 SWOT-CLPV 模型对不同类型医养结合机构的优势 S（strength）、劣势 W（weakness）分别与外部的机遇 O（opportunity）、威胁 T（threat）之间相互作用产生的抑制性 C（control）、杠杆效应 L（leverage）、问题性 P（problem）和脆弱性 V（vulnerability）进行分析。从微观视角将样本人群的调查数据通过决策树的决策理论来判断老年人的医养结合机构选择，实现了定性研究与定量研究的融合。

（3）研究内容和结论方面　本研究首次对不同医养结合机构模式选择意愿的影响因素进行研究，丰富了医养结合机构服务模式的研究内容。在服务供需方面，分析了老年人医养结合机构服务需求的影响因素以及影响医养结合机构入住率的主要因素，提高了结果的可靠性。

本研究揭示了老年人的人口学特征、健康状况及社会经济地位因素对他们选择医养结合机构服务模式影响显著。日常生活状况、个人社会经济地位以及卫生服务利用情况影响老年人的医养结合机构服务需求。是否定期对入住老年人进行健康管理、营业年限、医生人数是医养结合机构入住率的影响因素。这些研究结论增加了老年人对不同类型医养结合机构选择的影响因素以及医养结合机构服务模式供需的了解和认识，并为优化医养结合机构管理、促进医养结合机构建设、提升医养结合机构服务提供了新的实证依据。

7.4　不足之处与研究展望

① 本次研究为横断面研究，横断面数据研究具有时间点上的片面性。在探究医养结合服务需求与不同特征老年人以及医养结合机构入住率与医养服务供给之间相互关联性时，其时序性与因果性不能够被进一步研究。在今后的研究中应通过时间序列的研究设计或队列研究将更有利于进一步深入探究各个变量之间的相互关系。

② 本次研究对医养结合机构的服务质量主要是基于各利益相关者进行了定性分析。在今后的研究中将进一步建立服务质量标准评价指标体系以及进行对服务质量方面的定量评价的相关研究，并探讨影响服务质量的主要因素。

③ 对于老年人医养结合模式的选择意愿与服务供需分析，本研究仅对青岛市的 7 个市辖区进行了调查，存在一定的样本代表性不足的问题，且供给与需求在一定程度上会受到地方医养政策、人口老龄化程度的影响，今后考虑在多个地区进行对比研究。

附　录

附录1 青岛市医养结合机构老年人养老状况调查问卷

亲爱的老年朋友：

您好！

为了了解老年人的养老状况，提高老年人生活质量，为政府制定医养结合政策提供科学依据，我们拟开展关于青岛市医养结合机构入住老年人养老状况的问卷调查。本次调查数据只用于总体数据研究，不作个人分析，并将严格保密您的个人隐私。

衷心感谢您的积极配合！

山东大学公共卫生学院
山东省老年人医养结合服务研究课题组

问卷编码：＿＿＿＿＿＿＿＿

医养结合机构名称：＿＿＿＿＿＿＿＿＿＿

医养结合机构地址：青岛市＿＿＿＿＿＿区＿＿＿＿＿＿＿＿街道/乡镇

被访人姓名：＿＿＿＿＿＿＿＿

调查员签名：＿＿＿＿＿＿＿核查人签名：＿＿＿＿＿＿＿＿

A. 个人基本信息

A1 性别	①男性　②女性
A2 年龄	＿＿＿＿＿＿周岁
A3 户籍类型	①农业　②非农业
A4 受教育程度	①没上过学　②小学　③初中　④高中/中专　⑤大学专科　⑥本科及以上　⑦硕士及以上
A5 政治面貌	①群众　②中共党员　③民主党派　④无党派人士
A6 宗教信仰	①无　②基督教　③天主教　④佛教　⑤道教　⑥其他＿＿＿＿＿
A7 民族	①汉族　②回族　③朝鲜族　④其他＿＿＿＿＿
A8 您在本医养机构居住时间	＿＿＿＿＿年
A9 婚姻状况	①已婚有配偶　②离婚　③丧偶　④未婚(跳问B4)

B. 家庭基本情况

B1 您的子女情况：共_____个孩子，_____男_____女（**无子女，则跳问 B4**）

B2 您子女的基本信息

项目	子女 1	子女 2	子女 3	子女 4	子女 5	子女 6
B21 性别：①男性　②女性						
B22 年龄：_____周岁						
B23 受教育程度：①没上过学　②小学　③初中　④高中/中专　⑤大学专科　⑥大学本科　⑦硕士及以上						
B24 婚姻状况：①已婚有配偶　②离婚　③丧偶　④未婚						
B25 现居住地：①本区　②本市　③本省　④外省　⑤国外						
B26 目前从事职业：①专业技术人员/医生/教师　②行政管理　③一般职员/服务人员/工人　④自由职业者　⑤农民　⑥家务劳动　⑦军人　⑧无业人员　⑨其他_____						
B27 该子女的个人平均月收入：_____元						

B3 代际关系

B31 您多长时间与子女电话联系一次？	①每天　②一周左右　③半个月左右　④一个月左右　⑤一个月以上
B32 您多长时间见子女一次？	①每天　②一周左右　③半个月左右　④一个月左右　⑤半年左右　⑥一年左右　⑦一年以上
B33 过去一年，您从子女那里得到过哪方面的支持？（**可多选**）	①经济支持　②生病照护　③家务帮助　④精神慰藉　⑤其他_____
B34 过去一年，您为子女提供过哪方面的支持？（**可多选**）	①经济支持　②家务帮助　③精神慰藉　④带孙子女　⑤其他_____
B35 您觉得子女孝顺吗？	①孝顺　②一般　③不孝顺　④不好说
B36 您愿意子女在医养结合机构一起照护吗？	①愿意　②不愿意　③不好说
B37 您觉得怎样的居住安排最好？	①子女在老年人入住医养机构的同一个市辖区居住　②子女在老年人入住医养机构的不同市辖区居住　③其他居住方式
B38 选择这种居住安排的主要原因是什么？	①自己需要赡养老人　②子女不愿意一起住　③自己不愿意同子女一起住　④互相有个照应　⑤其他_____

B4 家庭关系

B41 目前和您同吃同住的有哪些人？（**可多选**）	①自己一个人　②配偶/未婚伴侣　③养老护理员　④儿子/女儿　⑤父母/配偶的父母　⑥病友　⑦兄弟姐妹/女婿/儿媳　⑧孙子女或其配偶/外孙子女或其配偶/曾孙子女或其配偶　⑨保姆　⑩其他_____
B42 目前和您一起同吃同住的一共_____个人	

B5 家庭长辈信息

B5 您家中有需要照顾的长辈/老人吗？			①有 ②没有（跳问 C 部分）			
家中需要照顾的老人的信息			老人1	老人2	老人3	老人4
B51 和您的关系是：①父亲 ②母亲 ③岳父/公公 ④岳母/婆婆 ⑤其他_____						
B52 他/她的出生年份：						
B53 他/她的健康状况：①很好 ②好 ③一般 ④不好 ⑤很不好						
B54 他/她的赡养状况：①跟一个子女住在一起 ②子女轮流接到家中赡养 ③自己居住，子女共同探望 ④住养老机构 ⑤其他_____						

C. 健康状况和卫生服务

C1 您觉得目前总体健康状况如何？	①很好 ②好 ③一般 ④不好 ⑤很不好
C2 与去年相比，您觉得健康状况如何？	①好多了 ②好一些 ③差不多 ④差一些 ⑤差多了
C3 与周围同龄老人比，您的健康状况如何？	①好多了 ②好一些 ③差不多 ④差一些 ⑤差多了 ⑥不好说
C4 您患有哪些确诊的疾病？（可多选）	①无任何疾病 ②心脑血管疾病（如冠心病、高血压、脑出血、脑血栓、脑萎缩、老年痴呆等）、恶性肿瘤（癌症） ③运动系统疾病（如脑出血、脑血栓后遗症，关节炎、股骨头坏死，颈椎、腰椎疾病，严重骨质疏松等） ④眼部疾病（如白内障、青光眼等） ⑤听力障碍 ⑥肠、胃、肝、胆、血液病（如白血病、贫血等）疾病 ⑦其他神经性疾病（头痛、癫痫、神经衰弱、失眠等） ⑧气管炎、肺部疾病、肾病 ⑨糖尿病 ⑩其他_____
C5 您平时主要在哪里看病？	①本院就医 ②私人诊所 ③社区卫生室/站/服务中心 ④乡镇/街道卫生院 ⑤县/市/区医院 ⑥市/地医院 ⑦省级医院 ⑧老年病医院 ⑨其他_____
C6 去年一年，您是否住过院？	①住过 ②没住过
C7 您的医疗费用由谁承担？（可多选）	①自己 ②配偶 ③子女 ④亲戚 ⑤其他_____
C8 您生病时主要由谁照顾？（可多选）	①自己 ②配偶 ③子女 ④亲戚 ⑤邻居 ⑥社区工作人员 ⑦医养结合机构医护人员 ⑧其他_____
C9 您是否可以承担平时所花医疗费用？	①可以承担 ②有点困难 ③很困难 ④无力支付
C10 您目前享受哪种医疗保障？	①城镇职工基本医疗保险 ②城乡居民基本医疗保险（城镇居民基本医疗保险与新型农村合作医疗保险合一） ③城乡居民大病保险 ④职工大额医疗补助 ⑤公费医疗 ⑥其他_____ ⑦都没有（跳问 D 部分）
C11 您认为医疗报销是否方便？	①很方便 ②比较方便 ③一般 ④比较不方便 ⑤很不方便
C12 您是否有社区健康档案？	①有 ②没有

D. 自理能力和日常生活状况

D1 您是否能独自完成以下活动

	完全能够自理	基本能够自理	部分能够自理	完全不能自理
D11 吃饭	①	②	③	④
D12 穿衣	①	②	③	④
D13 上厕所	①	②	③	④
D14 洗漱	①	②	③	④
D15 室内走动	①	②	③	④
D16 洗澡	①	②	③	④
D17 做家务	①	②	③	④
D18 日常购物	①	②	③	④
D19 做饭	①	②	③	④
D110 洗衣服	①	②	③	④
D111 服药	①	②	③	④
D112 打电话	①	②	③	④
D113 乘坐交通工具	①	②	③	④
D114 自理经济	①	②	③	④

D2 关于您目前的照护情况

D21 您对自己自理能力的总体评价	①完全自理（跳问 D3）　②半自理　③完全不能自理
D22 平时主要由谁来照料您？（可多选　　）	①无人照料　②配偶　③儿子、儿媳　④女儿、女婿　⑤孙子女　⑥其他亲属　⑦医养结合机构人员　⑧家政服务人员（保姆、小时工等）、家政服务人员（保姆、小时工等）　⑨朋友/邻居/社区工作人员/志愿者　⑩其他_____
D23 您对目前照护情况的满意度	①非常满意　②满意　③一般　④不满意　⑤非常不满意

D3 关于您的日常生活

D31 您平时是否吸烟？	①从来不吸　②以前吸，现在不吸，戒掉_____年　③有时吸　④经常吸　⑤每天吸
D32 您平时是否喝酒？	①每天　②3～4 次/周　③1～2 次/周　④1～2 次/月　⑤几乎不喝
D33 您每天的睡眠时间	①不足 4 小时　②4～6 小时　③6～8 小时　④8～10 小时　⑤10 小时以上
D34 您与邻居的联系频度	①经常联系　②偶尔联系　③几乎不联系　④不联系
D35 您与亲朋好友的联系频度	①经常联系　②偶尔联系　③几乎不联系　④不联系
D36 您经常来往的亲属、朋友（列举 3-5 人）	①_____　②_____　③_____

D37 您对自己人际关系的满意度	①很满意　②满意　③一般　④不满意　⑤很不满意
D38 您觉得生活有意义吗？	①很有　②比较有　③一般　④不太有　⑤根本没有　⑥不好说
D39 您觉得自己幸福吗？	①很幸福　②比较幸福　③一般　④不太幸福　⑤很不幸福　⑥不好说
D310 您是否有孤独寂寞感？	①从不会感到　②偶尔感到　③一般　④经常感到　⑤总是感到　⑥不好说
D311 您是否有焦虑、忧郁等感受？	①没有　②偶尔有　③一般　④经常有　⑤总是有　⑥不好说
D312 您是否有安全感？	①很有　②比较有　③一般　④不太有　⑤根本没有　⑥不好说
D313 您现在最担心和焦虑的问题是什么？（**仅选1项**）	①经济状况　②健康状况　③生活照护（养老问题）　④家庭关系　⑤子女或孙子女的生活　⑥其他_____
D314 您心目中最理想的医养结合机构是什么类型？	①养老机构内设医疗机构　②医疗机构内设养老机构　③养老机构与医疗机构合作互补

D4 关于您每天的活动安排

活动类型	是否安排	活动时间
D41 收拾房间	①是　②否	_____小时
D42 看电视、听收音机等消遣活动	①是　②否	_____小时
D43 在房间闲待	①是　②否	_____小时
D44 外出散步、健身	①是　②否	_____小时
D45 外出社交活动（如串门聊天、打牌、下棋、打麻将、跳舞等娱乐活动）	①是　②否	_____小时
D46 读书和看报等学习、文化活动	①是　②否	_____小时
D47 其他_____	①是　②否	_____小时

E. 社会经济状况

E1 您现在是否从事有收入的工作/活动？	①是　②否(**跳问 E6**)
E2 目前您主要从事什么工作？	①专业技术人员/医生/教师　②行政管理　③一般职员/服务人员/工人　④自由职业者　⑤农民　⑥家务劳动　⑦军人　⑧无业人员　⑨其他_____
E3 您所从事的工作，每天平均工作时长是多少？	_____小时
E4 您计划在多大年龄停止从事此工作？	①_____岁　②一直到干不动了　③没想过

E5 如果您将来干不动了,您认为养老主要依靠什么?	①养老金、高领津贴等社会保障 ②土地保障 ③子女补贴 ④自己的储蓄 ⑤政府救助 ⑥其他_____
E6 您之前是做什么工作的?	①国家、企事业单位领导人员 ②专业技术人员 ③办公室一般工作人员 ④商业/服务业/制造业一般职工 ⑤个体户、自由职业者 ⑥农、牧、渔民 ⑦其他_____
E7 过去一年,您领到过哪些收入?(可多选)	①养老金/退休金 ②养老补贴 ③独生子女奖励 ④高龄津贴 ⑤征地补偿 ⑥农田转租收入 ⑦低保、特困补助 ⑧其他_____
E8 您现在每月能领多少养老金/退休金?	_____元
E9 您目前的主要生活来源是什么?	①自己的劳动收入 ②来自配偶的收入 ③子女的经济支持 ④养老金/退休金 ⑤政府救助 ⑥其他_____
E10 您现在平均月收入(包括家人给的)是多少?	_____元
E11 您觉得自己的经济状况如何?	①很充足 ②基本够用 ③勉强够用 ④不够用 ⑤很缺乏

E12 过去**一年**,以下项目您的支出状况

E121 医疗支出	①有,_____元/年 ②无 ③不知道
E122 文化娱乐支出	①有,_____元/年 ②无 ③不知道
E123 人情往来支出	①有,_____元/年 ②无 ③不知道
E124 农业生产投入	①有,_____元/年 ②无 ③不知道
E125 对子孙辈的投入	①有,_____元/年 ②无 ③不知道
E126 购买衣物等支出	①有,_____元/年 ②无 ③不知道
E127 其他_____	①有,_____元/年 ②无 ③不知道

E13 平均**每月**,以下项目您的支出状况

E131 食品支出	①有,_____元/月 ②无 ③不知道
E132 邮电、通信支出	①有,_____元/月 ②无 ③不知道
E133 水费、电费、燃料(燃气)费等	①有,_____元/月 ②无 ③不知道
E134 在当地的交通费	①有,_____元/月 ②无 ③不知道
E135 购买洗化等日常生活用品	①有,_____元/月 ②无 ③不知道
E136 其他_____	①有,_____元/月 ②无 ③不知道
E137 缴纳医养机构费用	①有,_____元/月 ②无 ③不知道

F. 医养结合机构服务

F1 您对所在医养结合机构服务模式的知晓、利用和需要程度

项目	a. 知晓情况	b. 利用情况	c. 需要程度
F11 养老机构内设医疗机构	①有　②没有　③不知道	①经常　②偶尔　③从不	①非常需要　②比较需要　③一般　④不太需要　⑤不需要
F12 医疗机构内设养老机构	①有　②没有　③不知道	①经常　②偶尔　③从不	①非常需要　②比较需要　③一般　④不太需要　⑤不需要
F13 养老机构与医疗机构合作互补	①有　②没有　③不知道	①经常　②偶尔　③从不	①非常需要　②比较需要　③一般　④不太需要　⑤不需要

F2 您对养老机构内设医疗机构模式的评价（**限 F11 利用情况回答经常或偶尔的人回答**）

项目	很满意	比较满意	一般	不满意	很不满意
F31 总体服务	①	②	③	④	⑤
F32 医疗水平	①	②	③	④	⑤
F33 收费水平	①	②	③	④	⑤
F34 工作人员素质	①	②	③	④	⑤

F3 您对医疗机构内设养老机构模式的评价（**限 F12 利用情况回答经常或偶尔的人回答**）

项目	很满意	比较满意	一般	不满意	很不满意
F31 总体服务	①	②	③	④	⑤
F32 医疗水平	①	②	③	④	⑤
F33 收费水平	①	②	③	④	⑤
F34 工作人员素质	①	②	③	④	⑤

F4 您对养老机构与医疗机构合作互补模式的评价（**限 F13 利用情况回答经常或偶尔的人回答**）

项目	很满意	比较满意	一般	不满意	很不满意
F41 总体服务	①	②	③	④	⑤
F42 医疗水平	①	②	③	④	⑤
F43 收费水平	①	②	③	④	⑤
F44 工作人员素质	①	②	③	④	⑤

F5 您对以下医养结合机构服务的知晓、利用和需要程度

项目	a. 知晓情况	b. 利用情况	c. 需要程度
F51 健康教育	①有　②没有　③不知道	①经常　②偶尔　③从不	①非常需要　②比较需要　③一般　④不太需要　⑤不需要
F52 健康管理	①有　②没有　③不知道	①经常　②偶尔　③从不	①非常需要　②比较需要　③一般　④不太需要　⑤不需要
F53 疾病诊治	①有　②没有　③不知道	①经常　②偶尔　③从不	①非常需要　②比较需要　③一般　④不太需要　⑤不需要
F54 生活照料	①有　②没有　③不知道	①经常　②偶尔　③从不	①非常需要　②比较需要　③一般　④不太需要　⑤不需要
F55 日间照料/托管	①有　②没有　③不知道	①经常　②偶尔　③从不	①非常需要　②比较需要　③一般　④不太需要　⑤不需要
F56 康复护理	①有　②没有　③不知道	①经常　②偶尔　③从不	①非常需要　②比较需要　③一般　④不太需要　⑤不需要
F57 心理咨询/聊天解闷	①有　②没有　③不知道	①经常　②偶尔　③从不	①非常需要　②比较需要　③一般　④不太需要　⑤不需要
F58 临终关怀	①有　②没有　③不知道	①经常　②偶尔　③从不	①非常需要　②比较需要　③一般　④不太需要　⑤不需要
F59 文化学习活动	①有　②没有　③不知道	①经常　②偶尔　③从不	①非常需要　②比较需要　③一般　④不太需要　⑤不需要
F510 体育娱乐活动	①有　②没有　③不知道	①经常　②偶尔　③从不	①非常需要　②比较需要　③一般　④不太需要　⑤不需要
F511 老年人热线服务	①有　②没有　③不知道	①经常　②偶尔　③从不	①非常需要　②比较需要　③一般　④不太需要　⑤不需要

F6 您对所住医养结合机构服务团队的知晓、参与和需要情况

项目	a.知晓情况	b.参与情况	c.需要程度
F61 老年人协会	①有　②不知道　③没有	①是　②否	①非常需要　②比较需要 ③一般　④不太需要　⑤不需要
F62 老年文体社团	①有　②不知道　③没有	①是　②否	①非常需要　②比较需要 ③一般　④不太需要　⑤不需要
F63 老年医护团队	①有　②不知道　③没有	①是　②否	①非常需要　②比较需要 ③一般　④不太需要　⑤不需要
F64 政府扶贫支持(此项仅限农村老人回答)	①有　②不知道　③没有	①是　②否	①非常需要　②比较需要 ③一般　④不太需要　⑤不需要

F7 您对医养结合型养老模式还有什么建议或想法?

_____

_____

_____

谢谢您的配合! 祝您健康长寿!

附录 2　青岛市医养结合机构调查表

A. 基本情况

A1 机构名称：_____

A2 机构所在市辖区：_____

A3 机构兴办主体：_____ ①公办公营　②公办民营　③民办民营

A4 上级主管部门：_____

A5 是否领取"社会福利机构执业证书"：_____ ①是　②否

A6 开业时间：_____年_____月

A7 床位总数：_____张；　A61 入住者**实际占用床位数**：_____张

A8 是否为医院的一个科室？　_____ ①是　②否；A71 如果是，医院的床位总数为_____张

A9 医养结合机构模式：_____ ①养老机构内设医疗机构　②医疗机构内设养老机构　③养老机构与医疗机构合作互补

B. 机构设施情况

B1 入住用房（指可接待入住者的房间）总数：_____间
B11 目前，入住者**实际占用房间数**：_____间

B2 **入住用房**的总使用面积：_____平方米
　B21 **单人间**：平均每间使用面积：_____平方米；是否有独立的卫生间？_____ ①有　②没有
　B22 **双人间**：平均每间使用面积：_____平方米；是否有独立的卫生间？_____ ①有　②没有
　B23 **多人间**：平均每间使用面积：_____平方米；每间可入住_____位老人
　　　是否有独立的卫生间？_____ ①有　②没有

B3 是否有独立的文化娱乐用房？_____ ①有　②没有
　B31 如果有，文化娱乐设施包括（可多选）：_____
　　①棋牌室　②影视厅　③书刊阅览室　④戏曲音乐厅
　　⑤书法室　⑥绘画室　⑦其他（请详细说明：_____）

B4 是否有健身场所？_____ ①有　②没有
　如果有，B41 是否有**室外健身场所**？_____ ①有　②没有
　　　B411 如果有，室外健身场所为：_____ ①院子　②花园　③广场　④其他（请详细说明：_____）
　　　B42 健身设施包括（可多选）：_____
　　　①健身器材　②乒乓球桌　③台球桌　④门球场　⑤网球场　⑥游泳池
　　　⑦其他（请详细说明：_____）

B5 是否有为入住老人提供饮食的厨房或者食堂? _____ ①有 ②没有

如果有食堂,B51 食堂的经营方式为: _____
①本医养结合机构自有,由机构工作人员负责食堂运营和管理
②转包给他人,机构与承包单位通过合同或协议约定运营和管理责任
③其他方式:(请详细说明: _____)

C. 工作人员情况

C1 工作人员总数: _____ 人;(其中,在编人员数: _____ 人;编外人员数: _____ 人)

【注释】在编人员:指有事业单位编制的人员。编外人员:指临时聘用或合同制的人员。民办医养结合机构工作人员若无编制则填写:编外人员。

C11 管理人员人数: _____ 人;其中,在编人员: _____ 人;编外人员: _____ 人;
管理人员中具有大专以上学历的人数: _____ 人;

C12 医生人数: _____ 人;其中,在编人员: _____ 人;编外人员: _____ 人;
医生中取得执业医师资格证书的人数: _____ 人;
医生的年龄:40 岁以下 _____ 人,40~49 岁 _____ 人,50~59 岁 _____ 人,60 岁以上 _____ 人。
医生的学历:博士 _____ 人,硕士 _____ 人,本科 _____ 人,大专 _____ 人,中专及以下 _____ 人。
医生的职称:主任医师 _____ 人,副主任医师 _____ 人,住院医师 _____ 人,主治医师 _____ 人。

C13 护理人员(包括护士和养老护理员)总人数: _____ 人;
护士的年龄:40 岁以下 _____ 人,40~49 岁 _____ 人,50~59 岁 _____ 人,60 岁以上 _____ 人。
护士的学历:本科及以上 _____ 人,大专 _____ 人,中专 _____ 人,高中及以下 _____ 人。
护士的职称:主任护士 _____ 人,副主任护士 _____ 人,主管护师 _____ 人,护师 _____ 人,护士 _____ 人。
C131 取得执业证书的注册护士人数: _____ 人。其中,在编人员: _____ 人。编外人员: _____ 人;
C132 护理专业毕业,未取得执业证书的一般护士人数: _____ 人。其中,在编人员: _____ 人。编外人员: _____ 人;
C133 养老护理员人数: _____ 人。其中,在编人员: _____ 人。编外人员: _____ 人。取得上岗资格证书的人数: _____ 人。工勤人员(包括厨师、保洁人员、前台接待等)人数: _____ 人。
养老护理员的年龄:40 岁以下 _____ 人,40~49 岁 _____ 人,50~59 岁 _____ 人,60 岁以上 _____ 人。
养老护理员的学历:大专及以上 _____ 人,中专 _____ 人,高中 _____ 人,初中 _____ 人,小学及以下 _____ 人。
养老护理员的职称:高级养老护理员 _____ 人,中级养老护理员 _____ 人,初级养老护理员 _____ 人,无职称 _____ 人,其他 _____ 人。
C134 其他人员(请注明类别: _____),人数: _____ 人。

C2 工作人员中,取得"养老护理员职业资格证书"的人数: _____ 人。
资格证书等级:初级 _____ 人;中级 _____ 人;高级 _____ 人;技师 _____ 人。

C3 工作人员中,取得"山东省社会福利机构工作人员资格证书"的人数: _____ 人。

D. 医养服务供给情况

D1 在此机构中,提供的医养服务内容包括:(可多选)＿＿＿＿＿＿＿＿

　①日常生活照料　②医疗服务　③康复护理　④心理咨询和精神慰藉

　⑤健康教育　　⑥文化娱乐健身活动　⑦其他(请注明:＿＿＿＿＿＿＿＿＿＿)

D2 所提供的服务中,以什么服务为主?(仅选一项)＿＿＿＿＿＿＿

　①日常生活照料　②医疗服务　③康复护理　④其他(请注明:＿＿＿＿＿＿＿＿＿)

　D21 是否定期对入住老人进行健康管理?＿＿＿＿＿①是　②否

　　如果是,D211 每年进行健康管理几次?＿＿＿＿＿次

　D22 是否为入住老人建立健康档案?＿＿＿＿①是　②否

【注释】健康管理是指通过医学手段和方法对受检者进行身体检查,了解受检者健康状况、早期发现疾病线索和健康隐患,并基于健康体检结果,给出健康状况评估,并有针对性提出个性化健康管理方案(处方)的诊疗行为。主要包括:①生活方式和健康状况评估;②体格检查;③辅助检查;④健康指导。

D3 医养服务的提供:＿＿＿＿＿＿＿

　①全部由养老机构工作人员提供　②养老机构工作人员为主,与入住者亲属共同提供

　③主要由入住者亲属提供　　④其他(请说明:＿＿＿＿＿＿＿＿＿＿＿＿＿)

D4 **医生**提供的服务内容主要包括(可多选):＿＿＿＿＿＿＿＿＿＿

　①健康状况评估　②健康服务　③合理用药指导　④中医康复保健理疗

　⑤就医快捷服务和预约协助转诊服务　⑥其他(请注明:＿＿＿＿＿＿＿＿＿)

D5 **护士**提供的服务内容主要包括(可多选):＿＿＿＿＿＿＿＿＿

　①日常生活照料　②医疗服务中的专业护理　③康复训练　④心理咨询和精神慰藉

　⑤健康教育　　⑥健康管理　⑦其他(请注明:＿＿＿＿＿＿＿＿＿)

D6 **养老护理员**提供的服务内容主要包括(可多选):＿＿＿＿＿＿＿＿＿＿

　①日常生活照料　②医疗服务中的专业护理　③康复训练　④心理咨询和精神慰藉

　⑤健康教育　　⑥健康管理　⑦其他(请注明:＿＿＿＿＿＿＿＿＿)

D7 **医生**平均**每日**工作时间:＿＿＿＿＿小时;平均**每周**白天工作＿＿＿＿＿小时,夜晚工作＿＿＿＿＿小时

D8 **护士**平均**每日**工作时间:＿＿＿＿＿小时;平均**每周**白天工作＿＿＿＿＿小时,夜晚工作＿＿＿＿＿小时

　D81 取得执业证书的**注册护士**平均**每日**工作时间:＿＿＿＿＿小时;平均**每周**白天工作＿＿＿＿＿小时,夜晚工作＿＿＿＿＿小时

　D82 护理专业毕业,未取得执业证书的**一般护士**平均**每日**工作时间:＿＿＿＿＿小时;平均**每周**白天工作＿＿＿＿＿小时,夜晚工作＿＿＿＿＿小时

D9 **养老护理员**平均**每日**工作时间:＿＿＿＿＿小时;平均**每周**白天工作＿＿＿＿＿小时,夜晚工作＿＿＿＿＿小时

E. 入住者情况

E1 现有入住者人数:＿＿＿＿＿人。

其中:60～64 岁的人数:＿＿＿＿＿人;65～69 岁的人数:＿＿＿＿＿人;70～74 岁的人数:＿＿＿＿＿人;75～79 岁的人数:＿＿＿＿＿人;80 岁以上的人数:＿＿＿＿＿人。

　E11 目前,老人入住时是否需要与此养老机构签订入住协议?＿＿＿＿＿①需要　②不需要

　E12 入住者的平均入住时间:＿＿＿＿＿天

入住者中:

　E13 日常生活可**完全自理**的人数:＿＿＿＿＿人;

　E14 日常生活可以**部分自理**的人数:＿＿＿＿＿人;

　E15 日常生活完全**不能自理**的人数:＿＿＿＿＿人

【注释】**完全自理**:指日常生活行为基本不依赖他人帮助。**部分自理**:指生活行为依赖扶手、拐杖、轮椅和升降等设施以及需要他人帮助。**不能自理**:指日常生活行为完全依赖他人护理。**日常生活行为**:指上下床、吃饭、穿脱衣、上厕所、洗澡和室内走动。

E2 入住老人中,患有慢性疾病的情况:

患有恶性肿瘤的人数:_____人;患有脑血管病的人数:_____人;患有心脏病的人数:_____人;

患有糖尿病的人数:_____人;患有呼吸系统疾病的人数:_____人;患有消化系统疾病的人数:_____人。

入住者的费用:

E3 平均收费标准:

自理老人_____元/月;部分自理老人_____元/月;完全不能自理老人_____元/月;

【注释】平均收费是指将入住老年人全年需缴纳的各种费用(如床位费、护理费、生活费、取暖费等)的总和除以 12 所得到的平均数。

其中,由个人(包括入住老人及其子女等)需支付_____%;由政府支付_____%;由保险(包括医疗保险、养老保险、商业保险等)支付_____%;其他支付方式(请注明:_____)支付_____%。

E4 入住者中,需向养老机构支付相关费用的人数:_____人。其中:

   E41 由入住老人自己支付费用的入住者人数:_____人;

   E42 由子女或其他亲属支付费用的入住者人数:_____人;

   E43 由入住老人和子女(或其他亲属)共同支付费用的入住者人数:_____人;

   E44 由政府和(或)社会救助部门支付费用的入住者人数:_____人;

   E45 采取其他支付方式(请注明:_____)的入住者人数:_____人。

在现有的入住者中,具有下列情形的老年人的人数:

   E5 患有轻度褥疮的入住者人数:_____人;

   E6 患有重度褥疮的入住者人数:_____人;

   E7 因躁动,需要捆绑在床上或限制身体活动的入住者人数:_____人;

   E8 大小便失禁的人数:_____人;

   E9 现在或曾经接受尿道插管并留置在膀胱中的人数:_____人;

   E10 患有尿路感染的入住者人数:_____人;

   E11 长期卧床或大部分时间坐在椅子上的入住者人数:_____人;

   E12 在过去一年中,发生意外跌倒的入住者人数:_____人。

与一年前或入住时相比,在现有的入住者中具有下列情形的老年人的人数:

   E13 日常生活需要更多帮助的入住者人数:_____人;

   E14 感觉疼痛加剧的入住者人数:_____人;

   E15 在房间周围四处走动的能力下降的人数:_____人;

   E16 变得更加抑郁、焦虑或者情绪低落的人数:_____人;

   E17 体重明显下降的入住者人数:_____人。

F. 财务状况

F1 为开办养老机构,兴办主体的投资:_____(万元)

F2 2016 年的总收入:_____(万元),其中:

   F21 是否有政府财政补助:_____①是 ②否

      F211 政府财政补助:_____(万元);

   F22 慈善捐款:_____(万元);

   F23 入住者缴费:_____(万元);

   F24 医疗服务收入:_____(万元);

   F25 其他收入(请注明来源):

   来源1:(请注明:_____)_____(万元)

   来源2:(请注明:_____)_____(万元)

F3　2016 年的总支出：＿＿＿＿＿＿＿(万元)，其中：

　　F31 入住老人日常生活费支出：＿＿＿＿＿＿＿(万元)；

　　F32 入住老人文化娱乐活动费支出：＿＿＿＿＿＿＿(万元)；

　　F33 医疗服务支出：＿＿＿＿＿＿＿(万元)；

　　F34 机构办公经费支出：＿＿＿＿＿＿＿(万元)；

　　F35 日常缴费支出(包括水电、暖气、有线电视费等)：＿＿＿＿＿＿＿(万元)。

　　F36 工作人员费用支出：＿＿＿＿＿＿＿(万元)，其中：

　　　　F361 基本工资：＿＿＿＿＿＿＿(万元)，奖金：＿＿＿＿＿＿＿(万元)，津贴补贴：＿＿＿＿＿＿＿(万元)；

　　　　F362 社会保障缴费：＿＿＿＿＿＿＿(万元)。其中，为养老护理员购买社会保险支出：＿＿＿＿＿＿＿(万元)。

　　F37 其他支出(请注明支出项目)：

　　　　支出 1:(请注明：＿＿＿＿＿＿＿＿＿＿＿＿＿)＿＿＿＿＿＿＿(万元)

　　　　支出 2:(请注明：＿＿＿＿＿＿＿＿＿＿＿＿＿)＿＿＿＿＿＿＿(万元)

F4 您觉得医养结合机构的服务特色和经验是什么？以后是否计划扩大规模？

＿＿

＿＿

＿＿

填表人：＿＿＿＿＿＿＿＿＿＿＿　　　　填表日期：＿＿＿＿年＿＿＿＿月＿＿＿＿日

附录3 青岛市医养结合机构人员访谈提纲

访谈人员类型：①医养结合机构管理人员；②医养结合机构工作人员；③医养结合机构入住老年人；④政府部门人员。

机构名称：_____

过程	访谈内容
介绍	1.在中国,通常由谁来照顾那些有慢性病或失能、半失能但缺少家庭照顾的老年人？ 2.当您听到医养结合机构这个词的时候,您首先想到的是什么？
过渡问题	3.您什么时候在哪里第一次见到医养结合机构？给您的第一印象是什么？请您简单介绍一下医养结合机构。 4.对于老年人的长期护理需要和对养老机构服务的需要,您有什么看法？ 5.对于目前医养结合机构提供的服务,您有什么看法？您觉得它们的服务足够吗？如果您觉得不够,还有哪些服务应该由医养结合机构提供？ 6.您觉得医养结合机构的老人喜欢住在那里吗？他们最喜欢医养结合机构的哪一点？他们最不喜欢哪一点？

过程	访谈内容
	7. 您认为医养结合机构中的医护人员和养老护理员的数量充足吗？他们的专业技术水平怎么样？您对医养结合型养老机构的服务满意吗？
	8. 您认为医养结合机构的服务质量怎么样？
	9. 医养结合机构的入住老人如何向医养结合机构支付相关费用？您觉得费用与享受的服务合理吗？
	10. 您觉得医养结合机构和普通养老机构有什么区别？
主要问题	11. 如何提高医养结合机构的服务水平？您心目中理想的医养结合机构是什么样的？
	12. 如果您有机会就医养结合养老服务问题给国家卫生健康委员会、民政部和人社部提建议，您会提什么建议？
	13. 您认为青岛市所实行的长期医疗护理保险制度效果如何，有什么需要改进的地方？
	14. 您觉得该医养结合机构医护人员及养老护理员服务态度如何？服务内容是否能满足老年人的需求？您认为他们的薪酬待遇水平合理吗？政策层面和养老机构是否提供一些便利条件，来促进他们职业生涯的发展？影响他们工作的主要因素都有哪些？

过程	访谈内容
结束问题	15. 为了更好地满足日益增长的老年人养老服务的需要,我们想知道如何提高医护人员的配置水平、技术水平和养老机构的服务质量。还有什么您认为很重要而我们忽略了的问题吗?还有什么其他需要补充的?

后 记

岁月不居，时节如流。值本书出版之际，首先，感谢我尊敬的导师李士雪教授，一日为师，终日为师。李老师治学严谨，为人朴实无华，多年致力于医养结合、人群健康、卫生经济、卫生事业管理、卫生政策、卫生技术评估和卫生服务利用等诸多领域的相关研究。李老师引导我博士生生活的方向，在学术上给予我指引，为人处世上为我树立了榜样。

在课题设计和实施过程中，得到了山东大学公共卫生学院周成超教授、王健教授、徐凌忠教授、孙龙副教授、李佳佳副教授、孔凡磊老师；山东省社会科学院人口学研究所崔树义教授、杨素雯研究员、田杨研究员；福建医科大学公共卫生学院郑振佺教授、梁栋副教授、吴胤歆副教授；潍坊医学院尹文强教授、郑文贵教授、井淇副教授；徐州医科大学许建强老师的指导和宝贵意见，在此表示衷心感谢！

还要感谢"医养结合"课题研究中青岛市民政局福利处刁新艳副处长、各医养结合机构的领导、老师们在繁忙的工作中抽出时间与精力，为本课题的问卷、调查表和访谈提纲的编制、组织和协调提供了大量帮助。

感谢在老年人医养结合机构服务模式选择与需求调查中给予我们大力支持的青岛市民政局及医养结合机构的相关领导、管理人员。感谢在医养结合机构模式选择与服务供给定性和定量研究中给予我们大力支持的青岛市卫健委、民政局、医保局等部门的相关领导、各医养结合机构工作人员及入住老年人。感谢在小组访谈、问卷调查、资料录入和分析中给予我们无私帮助的家人、老师和同学们。

再次感谢所有帮助过我的人，心怀感恩，且行珍惜！

参考文献

[1] WHO. World report on ageing and health [M]. Luxembourg, 2016, 256.

[2] 陈圣祺. 医疗保障制度及卫生体制改革引发的哲学思考 [J]. 中华现代医院管理杂志, 2011, 9 (2): 38-44.

[3] 谢姣, 高艳斌, 郭洵. 长春市老年人幸福感及其影响因素的相关性分析 [J]. 中国老年学杂志, 2011, 31 (16): 3162-3163.

[4] 李贝. 湖北省农村集中供养五保老人生活质量研究 [J]. 医学与哲学 (人文社会医学版), 2008, 29 (15): 36-38.

[5] 许琳. 我国经济不发达地区社会保障问题与对策研究 [M]. 西安: 陕西人民出版社, 1998.

[6] 张双双. 中国人口老龄化对经济增长的影响研究 [D]. 济南: 山东大学, 2017.

[7] 熊必俊. 制定新世纪老龄行动计划应对全球老龄化挑战——第二届世界老龄大会综述和启示 [J]. 人口与发展, 2002, 8 (5): 75-78.

[8] 宋强, 祁岩. 日本老年人力资源开发实践及启示 [J]. 中国人力资源开发, 2013 (19): 83-87.

[9] Paredes-Lopez O, Cervantes-Ceja M L, Vigna-Pérez. Berries: Improving Human Health and Healthy Aging, and Prompting Quality Life: A Review [J]. Plant Foods for Human Nutrition, 2010, 65 (3): 299-308.

[10] 胡宏伟, 李延宇, 张楚, 等. 社会活动参与、健康促进与失能预防——基于积极老龄化框架的实证分析 [J]. 中国人口科学, 2017 (4): 87-96+128.

[11] 孔凡磊, 艾斌, 星旦二. 西藏城市老年人长期照护需求问题研究 [J]. 中国藏学, 2014, 26 (2): 173-182.

[12] 谢安. 中国人口老龄化的现状、变化趋势及特点 [J]. 统计研究, 2004 (8): 50-53.

[13] 张恺悌. 失能老人靠谁养老? [J]. 中国社会工作, 2011 (11): 26-27.

[14] 朱凤梅, 苗子强. 老龄化背景下 "医养结合" 的内涵、现状及其困境 [J]. 中国卫生经济, 2018 (3): 11-15.

[15] 刘日森, 叶坤凤, 刘晴, 等. 深圳市某区 75 岁及以上高龄老年人养老需求现况及其影响因素评估 [J]. 河南医学研究, 2017 (1): 5-7.

[16] 李绵利, 庞书勤, 吴异兰. 高龄老年人 "以老养老" 照护模式的选择意愿及其可行性分析 [J]. 河南科技大学学报 (医学版), 2016 (2): 134-136.

[17] 李敏. 社区居家养老意愿的影响因素研究——以北京市为例 [J]. 北京社会科学, 2014 (1): 46-50.

[18] Gorrindo T, Chatterji S, Kowal P, et al. A Cross-Country Comparison of Sociodemographic Correlates of Depression in the WHO Study of Global Aging and Adult Health (SAGE) [J]. Applied Demography, 2013, (3): 45-60.

[19] Fink G, Bloom D E, Canning D. Implications of Population Aging for Economic Growth [J]. Oxford Review OF Economic Policy, 2011, 26 (4): 583-612.

[20] Mccullough L. B, Wilson N. L, Teasdale T. A, et al. Mapping personal, familial, and professional values in long-term care decisions [J]. Gerontologist, 1993, 33 (3): 324-332.

[21] 杜鹏, 孙鹃娟, 张文娟, 等. 中国老年人的养老需求及家庭和社会养老资源现状——基于 2014 年中国老年社会追踪调查的分析 [J]. 人口研究, 2016, 40 (6): 49-61.

[22] Hazelett S, Baughman K R, Palmisano B R, et al. Factors Associated with Advance Care Planning

Discussions by Area Agency on Aging Care Managers [J]. American Journal of Hospice and Palliative Medicine, 2013, 30 (8): 759-763.

[23] Uhlenberg, Peter. International handbook of population aging [M]. Springer Netherlands 2009, 769.

[24] Erlandson K M, Allshouse A A, Jankowski C M, et al. Relationship of physical function and quality of life among persons aging with HIV infection [J]. AIDS, 2014, 28 (13): 1939-1943.

[25] 王丽. 人口老龄化背景下我国养老模式的思考 [J]. 当代经济管理, 2012, 34 (4): 52-55.

[26] 伍国铭. 各种养老模式的对比研究 [J]. 三峡大学学报 (人文社会科学版), 2011, 12 (33): 7-8.

[27] 孙熠, 应丹丹, 姜丽萍. 国外主要养老模式介绍 [J]. 中国护理管理, 2013, 13 (3): 97-99.

[28] 王贝芬. 社会化养老模式研究综述与展望 [J]. 天府新论, 2014 (3): 118-123.

[29] 高岩. 机构养老服务的国际比较研究 [J]. 劳动保障世界, 2011 (8): 48-49.

[30] Yasutome T. Researching Characteristics of the Aging Population and Elderly Care in China [J]. Tezukayama University Bulletin of Psychology & Welfare, 2011 (7): 157-169.

[31] Robison J, Shugrue N, Poerter M, et al. Transition from home care to nursing home: unmet needs in a home-and community-based program for older adults [J]. J Aging Soc Policy, 2012, 24 (3): 251-270.

[32] Zachary Z. Health and Living Arrangement Transitions Among China's Oldest-Old [J]. Research on Aging, 2008, 27 (5): 215-234.

[33] Dall T M, Gallo P D, Chakrabarti R, et al. An aging population and growing disease burden will require a large and specialized health care workforce by 2025 [J]. Health Affairs, 2013, 32 (11): 2013-2020.

[34] Mary Martini E, Garrett N, Lindquist T, et al. The Boomers Are Coming: A Total Cost of Care Model of the Impact of Population Aging on Health Care Cost in the United States by Major Practice Category [J]. Health Service Research, 2007, 42 (1p1): 201-208.

[35] 顾国爱. 从医疗机构与养老机构现状谈医养结合的发展路径 [J]. 商业经济研究. 2016 (6): 112-114.

[36] Eklund K, Wilhelmson K. Outcomes of coordinated and integrated interventions targeting frail elderly people: a systematic review of randomized controlled trials [J]. Health Soc Care Community, 2009, 17 (5): 447-458.

[37] 朱恒鹏. 基本药物制度: 路在何方 [J]. 中国社会科学院研究生院学报, 2010, 31 (5): 46-52.

[38] 杜鹏, 王雪辉. "医养结合" 与健康养老服务体系建设 [J]. 兰州学刊, 2016, 36 (11): 170-176.

[39] Weaver F M, Hickey E C, Hughes S L, et al. Providing all-inclusive care for frail elderly veterans: evaluation of three models of care [J]. J Am Geriatr Soc, 2008, 56 (2): 345-353.

[40] 崔树义, 田杨. 养老机构发展 "瓶颈" 及其破解——基于山东省 45 家养老机构的调查 [J]. 中国人口科学, 2017, 30 (2): 115-125.

[41] 沈培, 张吉凯. 公共卫生项目成本-效益分析中的社会贴现率研究 [J]. 中国卫生经济, 2010, 29 (6): 72-73.

[42] 何海艳, 赵莹, 陈静, 等. 天津市 1992—2010 年新生儿乙型肝炎疫苗免疫策略成本效果分析 [J]. 传染病信息, 2014, 27 (2): 89-91.

[43] 何寒青, 陈恩富, 李倩, 等. 浙江省 1978—2007 年计划免疫卫生经济学评价 [J]. 中国农村卫生事业管理, 2010, 30 (10): 835-837.

[44] 吴侃，钱佳慧，罗会强，等.我国"医养结合"养老模式构建现状及存在问题探讨 [J]. 现代预防 医学，2016，41（10）：1805-1807.

[45] 原阳芳.老年人机构养老意愿及其影响因素分析——基于 CLASS 调查数据 [D]. 山西财经大 学，2016.

[46] Meng X，Luo C. What Determines Living Arrangements of the Elderly in Urban China [M]. UK：Cambridge University Press，2008，267-286.

[47] Lee M L，Lin H S，Chang M C. Living arrangements of the elderly in Taiwan：Qualitative evidence [J]. Journal of Cross-Cultural Gerontology，1995，10（1-2）：53-78.

[48] Asis M M，Domingo L，Knodel J，et al. Living arrangements in four Asian countries：a comparative perspective [J]. Journal of Cross-Cultural Gerontology，1995，10（1-2）：145-162.

[49] Diwan S，Lee S E，Sen S. Expectations of Filial Obligation and Their Impact on Preferences for Future Living Arrangements of Middle-Aged and Older Asian Indian Immigrants [J]. Journal of Cross-Cultural Gerontology，2010，26（1）：55-69.

[50] Kim J，Waite L J. Relationship Quality and Shared Activity in Marital and Cohabiting Dyads in the National Social Life，Health and Aging Project，Wave 2 [J]. Journals of Gerontology，2014，69：S64-S74.

[51] 张忆雄，马佳，桂莹，等.不同地区社区养老模式下老年人生活质量现状及其影响因素 [J]. 中国 老年学杂志，2014，34（5）：1334-1336.

[52] Lawton M. P，Brody E. M. Assessment of Older People：Self-Maintaining and Instrumental Activities of Daily Living [J]. Gerontologist，1969，9（3）：179.

[53] 李瑛，杨婵，李吴萍，等.银川市某社区 60 岁以上老年人日常生活能力及其影响因素分析 [J]. 现代预防医学，2015，42（9）：1621-1623.

[54] 常金兰，董燕艳，黄金银.宁波市养老机构护理服务现状及影响因素的研究 [J]. 护理研究，2015，29（15）：1858-1860.

[55] 周燕珉.推进老年宜居环境建设不可或缺 [J]. 中国社会工作，2017（20）：38-39.

[56] 张翔，林腾.补"砖头"、补"床头"还是补"人头"——基于浙江省某县养老机构的个案调查 [J]. 社会保障研究，2012（4）：39-48.